VOLKER MEHL

BARBARA DECKER & KARLA ULBER

BACK TO THE WURZELN

VOLKER MEHL

BARBARA DECKER & KARLA ULBER

BACK TO THE WURZELN

VEGETARISCHE UND VEGANE REZEPTE FÜR SELBSTVERSORGER

kailash

Inhalt

g = glutenfrei *l* = laktosefrei *v* = vegan
g = optional (durch Zutatenaustausch)

Alles ist eins –
und mit allem verwurzelt

Nach drei ayurvedischen Kochbüchern stelle ich einigermaßen verwundert fest, dass mir die Zutaten und Ideen immer noch nicht ausgegangen sind. Und während ich an einem Sommernachmittag ganz entspannt auf der Terrasse sitze und eine Schnecke beobachte, die gerade ein Salatblatt genießt, kommt mir ein Zitat von Hildegard von Bingen in den Sinn: »Jedes Geschöpf ist mit einem anderen verbunden, und jedes Wesen wird durch ein anderes gehalten.« Heureka!

Das bringt mein neues Thema auf den Punkt: Kochbuch No. 4 soll ganz im Zeichen der »Verwurzelung« stehen, unserer Verbindung zur Erde, in der unser Ursprung liegt, die uns nährt und erhält. Die spüren wir am besten, wenn wir mit eigenen Händen pflanzen und ernten, was wir essen. Also nichts wie raus in den Garten! Deshalb hat dieses ayurvedische Kochbuch einen Gartenteil. Es geht hier ums Selbermachen von Anfang an: ums Selbstversorgen (zumindest teilweise), ums Selberkochen und nicht zuletzt natürlich ums Selberessen und -genießen … und das alles am liebsten gemeinsam.

Alles ist eins. Darin sind sich viele Philosophen und inzwischen auch die Wissenschaft einig: Die Welt ist ein einziger, in sich verwobener Organismus. Aus diesem Bewusstsein erwächst die Verantwortung fürs Gesamte, die nur durch Mitgefühl und Achtsamkeit, also echte Verbundenheit, nicht zur erdrückenden Last wird. Bevor ich nun aber allzu sehr ins Philosophische abschweife, möchte ich dieses große Thema auf etwas kleinerer Flamme reduzieren und die Verbindung zum (ayurvedischen) Kochen herausdestillieren. Wer diese Verbundenheit tiefer spüren und sein Leben achtsamer gestalten will, kann ganz einfach anfangen: bei der Nahrung, die uns unmittelbar mit Mutter Natur verbindet. Wie wir Lebensmittel auswählen und zubereiten, nimmt direkten Einfluss auf unsere Gesundheit, auf die unserer Mitmenschen und der gesamten Umwelt: Durch unser Handeln übernehmen wir Verantwortung. Ganzheitliches Denken ist der Schlüssel, denn alles steht mit allem im Austausch und in Wechselwirkung. Verbindungen bilden das Beziehungsgeflecht des Lebens, in dem jedes Wesen durch ein anderes sicher gehalten wird.

In diesem Sinne wünsche ich beim Nachkochen der Rezepte sowie beim Pflanzen und Ernten viele verbindende Erlebnisse und glückliche Momente.

Herzlichst

Das Beziehungsgeflecht des Lebens

KOCHEN & GÄRTNERN VERBINDEN

Liebe geht, zweifellos, durch den Magen: Wenn ein Koch sich diesen Rat zu Herzen nimmt und neben der Hingabe noch gesunde und hochwertige Zutaten in den Topf gibt, schafft er eine gute Verbindung mit seinen Gästen. Menschen spüren im Allgemeinen, wenn man sich um sie kümmert und es gut mit ihnen meint – das ist der beste und wirklich nachhaltige Dünger für beglückende Beziehungen auf allen Ebenen. Der Garten repräsentiert solche Beziehungsgeflechte sehr anschaulich: ein Mikro- oder Makrokosmos, je nach Perspektive, in dem alles symbiotisch verwurzelt ist. Unter der Oberfläche sind die Pflanzen durch das Wurzelgeflecht in Kontakt. Gemeinsam ziehen sie Wasser aus dem Boden und bilden in der Breite ein starkes Fundament: Kooperation zahlt sich aus. Nach oben wächst jede Pflanze jedoch als individueller Solist dem Licht entgegen, treibt Blätter, Blüten und Früchte.

»Wer einen Garten hat, lebt schon im Paradies«, sagt eine orientalische Weisheit. Denn hier ist nicht nur alles eins, sondern unmittelbar vorhanden.

Die Frage ist, ob wir das uralte Wissen um das, was uns nährt und erhält, komplett aus der Hand geben. Im Klartext: ob wir den Spaten in die Ecke stellen und es uns stattdessen auf der Couch bequem machen. Gegen Letzteres spricht überhaupt nichts, aber wir ernten nun mal, was wir säen. Von nichts kommt nichts. Wer immer nur den Einkaufswagen im Discounter volllädt, Abgepacktes und Tiefgefrorenes kauft, verliert allmählich den Bezug zu dem, was die Natur in unserer Region je nach Jahreszeit Köstliches bietet. Erdbeeren im Januar aus China, Trauben im Mai aus Südafrika, Spargel ganzjährig … schöne neue, globalisierte Welt. So löst sich die grüne Nabelschnur zu Mutter Natur allmählich auf. Aber wir finden zurück in ihren Schoß, indem wir beispielsweise süße sonnengereifte Tomaten im Garten ernten oder frische duftende Kräuter auf dem Balkon. So ist ein Garten nicht nur das Tor zur Natur, sondern auch für die Sinne.

Erlebnis Garten – hier blüht uns was!

Die Nebenwirkungen des »Alles immer!« hinterlassen inzwischen deutliche Spuren der Zerstörung auf dem Blauen Planeten. Darauf will ich allerdings in diesem Buch nicht näher eingehen. Stattdessen möchte ich dazu einladen, die Ärmel aufzukrempeln und sowohl im Garten als auch –

natürlich – am eigenen Herd aktiv zu werden. Selber machen: von A wie Anpflanzen bis Z wie Zubereiten! Denn Glück hat einen unverwechselbaren Geschmack, den wir in Muttis selbst gemachter Erdbeermarmelade Marke Eigenanbau finden, in Omas Streuselkuchen mit handgepflückten Zwetschgen oder in Timos einzigartigem Pesto aus selbst gezogenen Kräutern. Alles möglichst bio, versteht sich: Echte Macher haben nun mal die volle Kontrolle.

Sie besitzen keinen eigenen Garten? Ein Balkon, eine Terrasse oder eine sonnige Fensterbank bieten alternativ Platz für Töpfe und Pflanzkübel. Sie könnten ein Beet in Nachbars oder Tante Hannelores Garten während der Sommersaison beackern, in einem Gemeinschaftsgarten mitmachen, den guten alten Schrebergarten rekultivieren, an Kräuterexkursionen teilnehmen, knackige Sprossen ziehen usw. Wo ein Wille, da ein Gartenweg. Blühende Vielfalt lockt zahlreiche Besucher an: Bienen, Ameisen, Würmer, Vögel, diverse Sonnenanbeter und Grillfans …

Vor der Open-Air-Party hat der liebe Gott jedoch die Gartenarbeit anberaumt. Gemeinsame Sache selber machen, könnte daher das Motto lauten: drinnen und draußen, in Küche und Garten, für sich selbst und andere – einfach loslegen! Pflanzen, gießen, ernten, kochen und feiern: im Rhythmus der Jahreszeiten.

Säen. Ernten. Schlemmen.

AUS DEM GARTEN FRISCH AUF DEN TISCH

Das Thema Selbstversorgung zieht sich wie ein grüner Faden durch alle Epochen der Menschheitsgeschichte: Am Anfang lebten die Jungs aus dem Neandertal unmittelbar von der Hand in den Mund. Im Verlauf der Evolution instrumentalisierte der Mensch seine Möglichkeiten, und inzwischen, im Zeitalter der Industrialisierung und Information, ist die ganze Produktion fürs (Über-)Leben automatisiert. Wir haben uns scheinbar von der Quelle unserer Lebensmittel, von Mutter Natur, emanzipiert, sind zu Individualisten mutiert, bewegen uns mehr und mehr in virtuellen Netzwerken und Paralleluniversen. Selbstbestimmung oder Verbundenheit? Losgelöste Unabhängigkeit oder symbiotische Union? Das ist die Frage … und auch zunehmend die Machtfrage: Autarkie speist sich nämlich aus eigenen Ressourcen und ist immer dann topaktuell, wenn diese sich verknappen oder vereinnahmt werden.

Heute wird der (Super-)Markt zwar von Industrieprodukten überschwemmt, der Preis für das Überangebot ist allerdings die sinkende Qualität der Lebensmittel und die (Lebens-)Zeit, die wir in Arbeit investieren müssen, um die globalisierte Vielfalt (und ihre Folgen) zu bezahlen. Das gute Leben und die gute Ernährung – bio, ökologisch, fair – gibt es hingegen nicht *en masse* zum Schnäppchenpreis.

Ärmel aufkrempeln und selber machen!

Hier das Gegenkonzept … einfach umsetzbar, garantiert gewinnbringend, mit sicherer Rendite und guter Wachstumsprognose: Obst und Gemüse aus dem eigenen Gartenbeet oder aus Pflanzkübeln von Balkon, Terrasse oder Fensterbrett! Frisch und knackig, reif und aromatisch, persönlich gehegt und gepflegt – und daher ganz besonders wertvoll. Frisch geerntetes Grünzeug schmeckt häufig viel besser als das, was man – importiert, in Folie verschweißt und im überbordenden Angebot des Supermarkts – hier und da so kaufen kann. Für kein Geld der Welt gibt es zudem das befriedigende Gefühl, etwas Lebendiges und Nahrhaftes selbst zu produzieren, das auf vielfältige Weise nutzbar ist, satt macht, herrlich aussieht und wunderbar duftet!

Potenzial fürs große Glück

Wer von Kindesbeinen an die Möglichkeit hat, im eigenen Garten Erfahrungen mit Pflanzen und Tieren zu sammeln, lernt früh mit allen Sinnen das kleine Einmaleins des Gartenbaus und besitzt das Potenzial fürs große Glück: mit beiden Händen in der Gartenerde wühlen, Regenwürmer darin entdecken, Schneckenspuren verfolgen, Bienen beim Fulltime-

Job beobachten, Kirschkernweitspucken über den Zaun in Nachbars Garten, untertauchen in Rhabarberstauden, vollaromatische Erdbeeren pflückfrisch direkt vom Strauch genießen …

Ein Erlebnis für Klein und Groß – gepaart mit dem Ehrgeiz, Beete für die Bepflanzung zu beharken oder die Samen, immer schön der Reihe nach, einzusäen. Aufgeregt zu beobachten, ob da tatsächlich schon etwas keimt. Die herzpochende Freude, Wachstum zu bestaunen, Rankhilfen auszutüfteln, Blüten und erste Fruchtansätze zu entdecken. Die niederschmetternde Enttäuschung über eine nächtliche Schneckeninvasion oder heimtückischen Läusebefall. Die Krönung des Ganzen ist natürlich der brustschwellende Stolz bei der Ernte, wenn endlich die Früchte der eigenen Arbeit in den Händen gehalten und mit Genuss verspeist werden können!

Ob großer Nutzgarten oder kleines Balkonbeet: Die Glücksmomente und die Begeisterung sind beim Gärtnern, egal in welcher Dimension, immer die gleichen. Erschaffen Sie sich neue Frei- und Lebensräume, erobern Sie die Nische, finden Sie die Lücke für Spröss- und Setzlinge!

Aber zuvor möchte ich Ihnen noch meine bessere Hälfte für dieses Buch vorstellen: **Karla Ulber,** die Fachfrau mit zwei grünen Daumen, die bereits von klein auf in der Gartenerde gräbt und heute in einer Hofgemeinschaft tüchtig mitmischt, die biologische Landwirtschaft nahe meiner Wahlheimat Wuppertal betreibt. Karla wird Sie mit Liebe zum Detail und Freude am Grünzeug durch den folgenden Spezialteil leiten.

Und nun – an die Spaten, Gartenfreunde: zur Sonne! Zum Licht!

Garten-Basics

QUERBEET VERWURZELT

An die Spaten –
fertig – los!

WÄHREND WIR NUN **INS ERDREICH** VORDRINGEN,
KANNST DU, LIEBER VOLKER, SCHON MAL IN DER KÜCHE
DIE GEMÜSEMESSER WETZEN. **BIS SPÄTER!**
GESTATTEN: ÖKOGÄRTNERIN AUS NACHHALTIGER
LEIDENSCHAFT UND GRASGRÜNER ÜBERZEUGUNG.
ICH FREUE MICH DARAUF, SIE IN EINEN HOFFENTLICH
BLÜHENDEN GARTEN NACH IHREM **WUNSCHFORMAT**
ZU FÜHREN. MIT DEN »BIG FIVE« DES ERFOLGREICHEN
GÄRTNERNS NEHME ICH SIE AN DIE HAND, UM –
SCHRITT FÜR SCHRITT – AUS KLEINEN PFLÄNZCHEN
GROSSE FRÜCHTE ZU ERNTEN. DAS IST KEINE HEXEREI UND
GELINGT OHNE CHEMIE-COCKTAIL ODER GRIFF IN DIE
ZAUBERKISTE – **ALLES BIO!** BEFOLGEN SIE EINFACH DIE
GRUNDREGELN, UND **IHR GARTEN BLÜHT AUF.**

Am Anfang war der Topf …

KLEIN ANFANGEN UND GROSS RAUSKOMMEN

Da Gärtnern nun mal ein dynamischer Prozess von Flora und Fauna unter äußerst wechselhaften Bedingungen ist, gibt es keine allgemeingültige »Gebrauchsanleitung«. Letztlich muss jeder seine Erfahrungen innerhalb der eigenen vier Hecken, Zäune oder Balkonmauern machen und durch die Kombination aus Erfolg und Misserfolg mit der Zeit die nötigen Erfahrungen sammeln.

Wer sich richtig tief in der Materie verwurzeln will, sollte zuvor unbedingt die nötige Fachliteratur studieren, da in unserem Buch nur die Basics des Gartenbaus aufgezeigt werden können.

Vor dem Drauflosbaggern und Angraben steht in jedem Fall zunächst einmal die grundsolide Planung.

Bestandsaufnahme

Da stellt sich vor allem die fundamentale 3D-Frage: Welche räumlichen Möglichkeiten bestehen überhaupt? Ist es »nur« ein Balkon oder eine Terrasse, wo per Pflanzgefäße operiert werden kann? Oder existiert ein Garten, in dem Beete angelegt werden können?

• Ideal ist natürlich die Option des eigenen Gartenreichs, das täglich mehrere Stunden Sonne abbekommt, wo es aber auch halbschattige Ecken gibt. Mit einem Boden, der tiefgründig, humos, nährstoffreich sowie frei von Schadstoffen ist, und Bereichen, die durch Hecken und Mauern vor starken Winden und Frösten geschützt sind.

• Auch ein Balkon sollte für die Nutzbepflanzung eher auf der Sonnenseite liegen. Allerdings muss hier deutlich früher als im Garten auf ausreichende Wasserversorgung geachtet werden.

• An Standorten, die keine Idealbedingungen aufweisen, kann ebenfalls erfolgreich Gemüse angebaut werden – mit dem richtigen Know-how und den entsprechenden Mitteln, versteht sich.

Topfkultur

Bei der Balkon- oder Terrassenvariante muss die Platzeinteilung gut geplant und die entsprechenden Pflanzgefäße müssen beschafft werden. Hierfür eignen sich besonders Ton- beziehungsweise Terrakotta- sowie Plastiktöpfe, aber auch Holzkisten, die mit Plastikfolie ausgeschlagen sind, Hängeampeln oder Pflanzsäcke. So lassen sich Gemüse und Kräuter auf kleinem und großem Raum gut anbauen. Die Gefäße sollten größtmöglich geplant werden, da die meisten Pflanzen einen großen Wurzelraum brauchen: Ein Durchmesser und eine Tiefe von mindestens 20 Zentimetern sollten nicht unterschritten werden. Wichtig sind Löcher im Bo-

den der Pflanzgefäße, damit überschüssiges Wasser ablaufen kann und die Pflanzen keine klammen Füße bekommen. Die Löcher werden mit Tonscherben abgedeckt, damit sie nicht verstopfen oder die Erde nicht herausgespült wird.

Einfach mal hochstapeln …

Inzwischen gibt es Wandsysteme, um den begrenzten Platz optimal zu nutzen, zum Beispiel asymmetrisch geformte Pflanzschalen, die übereinander angebracht werden. Außerdem gibt es Topf- und Kastensysteme, die in passende Wandgitter eingehängt werden, sowie Pflanzbeutel mit Schlaufen.
Das Internet bietet für Bastler zahlreiche Anleitungen zum Selbermachen.

Gartenplanung

XS oder XXL? Sollen die Kulturpflanzen in die bestehenden Zierbeete integriert oder reine Gemüsebeete angelegt werden? Besteht ausreichend Platz, um einen Nutzgarten klein- oder großflächig zu gestalten? Für jeden Garten und Nutzer findet sich die passende Form. Im Folgenden ein paar Ideen für den jeweiligen Bedarf.

Integration

Vor allem Kräuter und Beerensträucher lassen sich gut in bestehende Staudenbeete integrieren. Allerdings muss darauf geachtet werden, dass ausreichend Platz vorhanden ist und insbesondere die Kräuter genügend Sonne abbekommen.

Einplanen sollte man auch einen Komposthaufen, eine Wasserzapfstelle oder einen Regentonnen-Stellplatz sowie die Abgrenzung durch Steinränder oder niedrige Hecken, etwa aus Buchsbaum.

Aller Anfang ist planbar

Einsteiger sollten keine allzu großen Pläne schmieden: erst mal klein anfangen und Geduld mit sich und dem Garten haben. Für den Beginn eignen sich kurzlebige Kulturen wie Salate, Radieschen, Zuckererbsen, aber auch Kräuterstauden und länger stehende Gemüse wie Zwiebeln, Rote Bete, Möhren und Kopfkohl, rankende Stangenbohnen und Buschbohnen. Je nach Gusto kann man dann erweitern, ausprobieren, sich an pflegeintensivere Pflanzen wie Tomaten heranwagen und so nach und nach die Vielfalt steigern.

Gute Anlage: ein Gartenbeet

Die Vorbereitungen sollten im Herbst getroffen werden oder im frühen Frühjahr, bevor die ersten Kulturen wachsen.

- Vorhandene Staudenbeete räumen und einmal gründlich umgraben.
- Wer eine Rasenfläche zum Beet machen will, muss erst recht zum Spaten greifen: Die Grasnarbe abstechen und entweder entsorgen oder zerkleinern und beim Umgraben mittels Ganzkörpereinsatzes und Spatens mit einarbeiten.
- Wer schon eigenen Kompost (Seite 30) hat, sollte die Flächen vor der ersten Nutzung leicht damit aufdüngen – je nach Anspruch der nachher dort wachsenden Kulturen (Seite 250).

Bei manchen Kräuterstauden, die sich via Wurzelausläufer ins Uferlose verbreiten, etwa Minze, leistet eine Wurzelsperre im Boden gute Dienste.

Migration

Einfacher ist es, den Nutzgarten in separaten Beeten zu betreiben – egal in welcher Dimension. Entscheidend ist dabei, wie viel Platz jede Kultur braucht, ob sie spezielle Standortansprüche hat und ob es passende Kombinationspartner gibt. Bietet der Garten viel Platz, können beispielsweise mehrere Beete mit Zwischenwegen angelegt und über die Jahre auf diesen Beeten ein regelmäßiger Wechsel der Kulturen praktiziert werden.

- Mit einer Harke das Beet nun einebnen und größere Erdklumpen zerkleinern. Und dann kann das Beet nach Herzenslust, am besten in harmonischer Nachbarschaft (Seite 38), bepflanzt werden.

With a little help of your friends: Gartenwerkzeuge

Des Gärtners liebste Freunde sind handliche Werkzeuge, um die anfallenden Arbeiten zu bewältigen.

- Wer auf Balkon und Terrasse in Töpfen, Kästen und Kübeln gärtnert, greift bevorzugt zu Handschaufel und -hacke fürs Lockern und Jäten.

Im Garten bedarf es schon mächtigerer Werkzeuge:

- Zur Bodenbearbeitung sind ein Spaten und eine Grabegabel nötig, mittels derer der Boden im Winter und Frühjahr umgegraben und im Jahreslauf nochmals gelockert wird.
- Zur Beetvorbereitung und für die Kulturpflege sind ein Rechen zum Einebnen der Beete, eine Hacke und ein Kultivator zur Lockerung und Unkrautbeseitigung nützliche Helfer.
- Zum Pflanzen und Pflegen sind Handschaufel, Jätehaken und Pflanzholz zweckdienlich, bei der Kompostpflege und Ausbringung kommen Mistgabel und Schaufel zum Einsatz.
- Für eine möglichst linientreue Bepflanzung und geradlinige Aussaat empfehle ich Pflanzschnur und Meterstab.
- Für die Ernte werden scharfe Messer und Gartenschere, Kisten, Körbe und Schüsseln benötigt.

- Unverzichtbar sind eine Wassertonne oder ein Hauswasseranschluss außen, Gießkannen und ein Wasserschlauch mit Gießbrause – natürlich besonders im Sommer.
- In größeren Gärten mit weiteren Wegen ist die Schubkarre eine schwerkrafterleichternde Investition.

Die »Big Five« des erfolgreichen Gärtnerns

ERDE – GESUNDES WACHSTUM HAT EINEN GUTEN GRUND

DÜNGER – DER TREIBSTOFF FÜR FÜLLE UND VIELFALT

SAATGUT – WIR ERNTEN, WAS WIR SÄEN

WASSER – ALLES GUTE KOMMT VON OBEN

ERSTE HILFE – GEGEN SCHÄDLINGE UND KRANKHEITEN

Die Kraft der Erde

GESUNDES WACHSTUM
HAT EINEN GUTEN GRUND

In der Erde liegen die Wurzeln unseres Daseins: die Nährstoffe und Mikroorganismen, das Fundament – der Grund allen Lebens. Vor der Entscheidung, ein Bäumchen zu pflanzen, steht also die Grundsatzfrage: Welcher Boden soll's denn sein? Für die Bepflanzung in einem Garten ist diese Überlegung zweitrangig, sofern hier eine ausreichende Schicht Mutterboden zur Verfügung steht. Bei gekaufter Erde muss man schon genauer hinsehen.

Lebendiger Mutterboden

Der Mutterboden, auch als Ackerkrume bezeichnet, ist die oberste und fruchtbarste Erdschicht. Neben den mineralischen Hauptbestandteilen wie Kies, Sand, Schluff und Ton enthält er auch Humus, also abgestorbene Bodenlebewesen sowie Pflanzenreste und ihre Abbaustufen. Eine Mannschaft unzähliger Kleinlebewesen – vom Faden- bis zum Regenwurm – lebt hier und zersetzt alles, was ihr vor die Fühler, Riecher, Klauen und Zähne kommt. Indem das organische Material gefressen und ausgeschieden wird, entsteht eine gute Krümelstruktur.

Der Regenwurm ist beispielsweise ein hochaktives Wesen, das ein Röhrensystem erschafft, welches der Durchlüftung, Wasserabführung und dem Eindringen der Wurzeln ins Erdreich dient.

Aus der Ackerkrume ziehen die Pflanzen ihre Nährstoffe, die sie neben Wasser und Sonnenlicht zum Leben brauchen. Diese Bodenschicht filtert und reinigt zudem nebenbei auch Niederschläge und Schadstoffe, die sich dort ansammeln.

Schon die Bibel beschreibt den Erdboden als Existenzgrundlage: Der erste Mensch, Adam, wurde von Gott aus Lehm geschaffen. In vielen Kulturen wird die »Mutter

Erde« verehrt, ein Symbol für Fruchtbarkeit und den unendlichen Reigen von
Entstehen und Vergehen.

Eingetütet: Pflanzerde aus dem Handel

Die konventionelle Pflanzerde, die wir im
Baumarkt preisgünstig kaufen und zum
Eintopfen verwenden, hat mit gesunder
und nährstoffreicher Muttererde jedoch
nicht viel gemeinsam. Meist ist dieser Typ
Erde zu humos, das heißt, es fehlt der
mineralische Anteil und er enthält meist
zu viel Torf. Dies ist auch aus ökologischer
Sicht nachteilig, denn ganze Moore werden dafür abgebaut, die sich nicht mehr
regenerieren können.

Die Mischung macht's

- Man kann der handelsüblichen Pflanz-
  und Blumenerde etwa 50 Prozent Muttererde beimischen. So lässt sich ein
  Mangel an mineralischen Bestandteilen
  relativ gut ausgleichen.
- Falls Sie keinen eigenen Garten besitzen, aus dem Sie sich bedienen können,
  lohnt der Weg zu einer Bodenbörse
  oder zum Gärtner.
- Statt der Muttererde kann auch Sand als
  mineralisches Substrat hinzugefügt werden. Allerdings hält Sand das Wasser
  schlecht, daher droht die Erde schneller
  auszutrocknen. Dies kann besonders in
  Pflanzgefäßen auf stark sonnenbeschienenen Balkonen und Terrassen pro-
  blematisch sein.

Pflanztipps für Kräuter und Nahrungspflanzen

- Wählen Sie nicht die billigste Pflanzerde aus, und achten Sie bei jedem Kauf auf das Qualitätssiegel. Muttererde und sämtliche Formen von Pflanzerde sind nicht automatisch schadstofffrei! Wer ganz sichergehen möchte, kann bei entsprechenden Instituten eine Bodenprobe zur Untersuchung einschicken. Denken Sie immer daran, dass schlussendlich das selbst gezogene Kraut oder Gemüse im eigenen Kochtopf landet und von Ihnen beziehungsweise Ihren Lieben verzehrt wird.

- Üblicherweise sind Informationen über die jeweilige Eignung der Erden, die man im Handel beziehen kann, auf der Verpackung angegeben – also bedenken Sie stets, dass verschiedene Pflanzen unterschiedliche Erde benötigen.

- Kaufen Sie generell nur so viel Erde, wie Sie pro Saison verbrauchen werden. Während der Lagerung lässt die Qualität nach, denn die Nährstoffe schwinden, bedingt durch Fremdbesiedlung mit Pilzen und Mikroorganismen sowie Temperaturschwankungen. Kleinere Erdvorräte sollten dunkel, trocken und kühl, vor Regen und Sonne geschützt, gelagert werden – idealerweise in einem Gartenhäuschen oder einer geräumigen und witterungsfesten Truhe.

- Topfpflanzen sollten entsprechend ihrem Wachstum nach ein oder zwei Jahren in einen größeren Topf umgesetzt werden und bedürfen je nach Pflanzenart einer Nachdüngung.

DARAN ERKENNT MAN GUTE ERDE

Humose, also nährstoffreiche Erde zeichnet sich dadurch aus, dass sie zumeist dunkel ist, sich krümelig in der Hand anfühlt und ein spürbar aktives Bodenleben aufweist. Schalten Sie bei der Qualitätsprüfung Ihre Sinne ein: Der typisch »erdige« Geruch entstammt verschiedenen Pilzen und organischen Abbauprozessen, die Erde fühlt sich leicht feucht an und lässt sich krümeln. Wenn Ihnen dieser wunderbare Geruch fremd geworden ist, empfehle ich Ihnen dringend, mit beiden Händen mal wieder im gelockerten, feuchten und sonnenwarmen Boden zu graben und daran zu schnuppern – ein überaus sinnliches und echt erdverbundenes Erlebnis, das Ihnen das gute Gefühl vermittelt, völlig mit der Natur verbunden zu sein. Erden Sie sich – greifen Sie zu!

Dünger satt

TREIBSTOFF FÜR FÜLLE UND VIELFALT

Ein altes Sprichwort sagt: »Was die Erde gibt, das nimmt sie wieder.« In der freien Natur, wo sich Wachstum und Vielfalt uneingeschränkt entfalten, gibt es keine Düngemittelproblematik, denn wunderbarerweise bildet das abgestorbene und tote Material – Pflanzenteile, Tierkadaver, Ausscheidungen – den Humus des Lebens. Alles ist mit allem in Verbindung, nährt sich gegenseitig und speist sich letztlich aus der gleichen Wurzel.

Das eigentliche Problem beginnt immer erst, wenn wir die Dinge – sprich die Pflanzen – aus dieser Einheit in eine künstlich geschaffene Isolation zwingen: Damit sind sie aus dem Kreislauf der Natur herausgelöst und brauchen – natürlich! – zugefügten Dünger.

Nachhilfe mit Maß

Heute dienen Gärten häufig nur noch als Ziergärten zur Erholung und Freizeitgestaltung. Viele Pflanzen befinden sich in Kästen, Kübeln und Töpfen auf Terrassen und Balkonen. Die Pflanzenreste wie geschnittener Rasen, Zweige, Blätter und Blüten wandern oft einfach in den Müllsack statt auf den eigenen Kompost. Dort wären sie jedoch weit besser aufgehoben, denn aus all den Gartenabfällen lässt sich nährstoffreicher Humus Marke Eigen(ab-)bau herstellen (Seite 30)!

Als Faustregel gilt:

• Bei eingetopften Nutzpflanzen muss stärker auf die Nährstoffversorgung geachtet werden – also immer wieder wohldosiert nachdüngen!

• Im Garten wird eher vorbereitend gedüngt, der Boden mit Kompost aufbereitet und gut durchmischt – dies reicht für eine einjährige Kultur aus.

• Die meisten (mediterranen) Kräuter bevorzugen hingegen mageren Boden – hier ist eine eher maßvolle Düngung ratsam, damit sie prächtig gedeihen.

Wer Nutzpflanzen züchtet – egal ob im Garten oder in Töpfen –, sollte auf jeden Fall auf chemische Zusätze verzichten, aber auch die »Biowaffen« mit Maß und Bedacht einsetzen (Seite 37). Greifen Sie bei fertigen Substraten vorzugsweise zu organischem Dünger: möglichst ökologisch zertifiziert und schadstofffrei. Als Gärtner haben Sie die Qualität des Endprodukts in der eigenen Hand!

In Biomärkten finden Sie hilfreichen Rat und zertifizierte Produkte. Befragen Sie im Zweifelsfall vorab den Öko-Gärtner Ihres Vertrauens zu Risiken und Nebenwirkungen. Denn eines sollten Sie, wie bereits beim Thema Erde angemerkt, immer bedenken: Letztlich landet die liebevoll aufgepäppelte Nutzpflanze im Kochtopf. Gesundheit geht durch den Magen!

Alles über Dünger

Natürlich ist die individuelle Zuwendung für Ihre Zöglinge der beste Wachstumsgarant. Der Dünger aber ist der Joker im Kartenspiel des Gärtners – ein Hoffnungsträger, in den hohe Erwartungen gesetzt werden. Denn was die Pflanze nicht allein zu leisten vermag, muss der Power-Treibstoff bewirken.

Wichtiger ist jedoch, die Bedürfnisse der Pflanze zu kennen, einen guten Standort zu finden, sich vorab ein Bild über die Erdqualität zu verschaffen und sie zu optimieren – und die Pflanze dann mit dem passenden Dünger zum rechten Zeitpunkt zu nähren. Fragt sich nur noch, was eigentlich genau und wie viel davon?

Mit oder ohne Chemie?

Dünger kommt generell in fester und flüssiger Form, schnell wirkend oder als Langzeit-/Depotdünger zum Einsatz und lässt sich in drei Klassen einstufen:

- Pflanzlich-organischer Dünger: nicht chemisch, besteht aus natürlichen Stoffen wie Pflanzenkompost beziehungsweise Pflanzenjauchen, Mulch, Kaffeesatz (Seite 29), Holzasche etc.
- Tierisch-organischer Dünger: nicht chemisch, alle Mistsorten, dazu gehören auch Vogelmist (Guano), Hornmaterial zum Beispiel in Form von Granulat oder Mehl, Rinder- oder Kuhjauche etc.
- Mineralischer beziehungsweise anorganischer Dünger: chemisch, meist eine Verbindung aus Stickstoff, Phosphor, Kalium und ähnlichen Zutaten (»Dünger aus dem Sack«).

Der richtige Zeitpunkt

- Vor der Aussaat oder Pflanzung (Grunddüngung),
- während der Wachstumsphase (Kopfdüngung).

Die Mineralstoffaufnahme

- Bei Sommerarten (wie Kartoffeln) steigt der Mineralstoffbedarf schnell bis zum Reifezeitpunkt an und fällt anschließend rapide ab oder hört ganz auf.
- Bei Winterarten (zum Beispiel Wintergetreide) unterbricht der Frost die Mineralstoffaufnahme.
- Mehrjährige Pflanzen speichern in den Wurzeln Mineralstoffe und fördern aus diesem Depot das Wachstum im folgenden Frühjahr.

Die Mineralstoffe werden hauptsächlich von den Wurzeln aufgenommen. Die Menge hängt von der Wurzelkapazität ab und auch davon, ob die Wurzel genug Luft zum Atmen hat, das heißt, dass sie weder in zu trockenem noch in zu feuchtem Boden gründet.

Individueller Bedarf

Der erforderliche Düngebedarf wird am besten durch eine Bodenuntersuchung festgestellt.

Aber auch der Zustand der Pflanze gibt darüber Auskunft: Bei einer Unterernährung kommt es zu Mangelerscheinungen mit Minderertrag, oder die Pflanze geht schlicht und ergreifend ein.

Wenn weder ein falscher Standort noch Wassermangel, Krankheit oder Schädlingsbefall die Ursache sein kann, dass die

Pflanze nicht richtig wächst und helle bis gelbe Blätter aufweist, dann ist dies ein klares Indiz für einen Mangel an Mineralstoffen. Gut gedüngte, gesunde Pflanzen haben, ihrer Art entsprechend, sattgrüne, kräftige Blätter.

Natürlich will jeder Gärtner seine Arbeit mit einem maximalen Ertrag und schönen prallen Früchten gekrönt wissen. Dünger scheint dafür ein schnelles und blumiges Versprechen zu sein. Doch auch hier gilt im ganzheitlichen Sinne: Die Dosis macht das Gift.

Vorsicht: Überdüngung!

Wird mehr Dünger als nötig ausgebracht, führt dies zur Belastung des Bodens sowie des Grund- und Oberflächenwassers. Eine Überdüngung wirkt sich nachteilig auf die Erträge, die Qualität der Ernte und die gesamte Umwelt aus.

Zu stark gedüngte Pflanzen können einen höheren Wassergehalt aufweisen, dadurch verändert sich das Verhältnis von Kohlenhydraten zu Vitaminen und Mineralstoffen ungünstig.

Hohe Stickstoffgaben fördern in manchen Gemüsearten außerdem eine erhöhte Nitratkonzentration, die sich beim Verzehr schädlich auf unseren Darm und damit auf die Gesundheit auswirken kann. Überdüngung ist an der Pflanze ablesbar: Sie zeigt es durch übermäßiges Wachstum, Krankheitsanfälligkeit, sensible Reaktionen auf Wasserschwankungen und eine blaugrüne Verfärbung der Blätter. Maßvolle Düngung zur rechten Zeit lässt auf einen grünen Daumen und ein Händchen für Pflanzen schließen.

Back to basic: Natürlicher Dünger

Dünger lässt sich im Do-it-yourself-Verfahren ganz unkompliziert und kostengünstig aus den biologisch abbaubaren Haus- und Gartenabfällen herstellen.

Mulchen

Die einfachste und natürlichste Art des Düngens ist das Mulchen: Der Boden beziehungsweise die Beete werden – frei nach dem Vorbild von Mutter Natur – mit organischem Material wie Blätter, Heu oder Rasenschnitt abgedeckt, das allmählich verrottet und somit die Pflanzen mit Nährstoffen versorgt. Ein positiver

Nebeneffekt ist die Unterdrückung von unerwünschten (Un-)Kräutern. Zudem bewirkt der Mulch, dass die Verdunstung verringert wird und Temperaturschwankungen reguliert werden.
Mulchen eignet sich vor allem im Garten, ist aber auch in Topfkulturen möglich – allerdings etwas aufwendiger.

Jauche & Co.

Aus verschiedenen Pflanzen lassen sich Jauchen herstellen, die verdünnt auf die Beete gegossen werden. Dadurch wird die Pflanze mit Nährstoffen versorgt und ihre Abwehr gestärkt.
Am bekanntesten ist wohl die Brennnesseljauche, die eventuell mit Beinwellkraut kombiniert werden kann.

Als Faustregel gilt:
- 1 kg frisches Kraut oder ca. 150 g getrocknete Kräuter auf 10 l (Regen-) Wasser geben.
- Das Ganze in einem großen Plastikgefäß (kein Metall) ansetzen und durch tägliches Umrühren belüften, wodurch die Umsetzung angeregt wird. Dabei können unangenehme Gerüche auftreten, die man aber durch die Zugabe von etwas Steinmehl reduzieren kann.
- Die Jauche muss mindestens eine Woche, besser zwei bis drei Wochen lang stehen und reifen.
- Die fertige Jauche ist locker abgedeckt mehrere Wochen haltbar.
- Sie wird im Mischungsverhältnis 1:10 mit Wasser verdünnt und an bewölkten Tagen oder in den Abendstunden den Pflanzen zugegossen.

Kaffeesatz und Eierschalen: gezielte Resteverwertung

- Kaffeesatz weist auch nach dem Aufbrühen noch einen hohen Nähr- und Mineralstoffgehalt auf: Einfach den gesammelten Satz alle paar Tage an bedürftige Pflanzen geben und etwas in die Erde einmischen.
- Auch Eierschalen sind als Kalkdünger einsetzbar. Behalten Sie also immer während des Backens und Kochens Ihren blühenden Garten vor dem geistigen Auge, und bewahren Sie die Eierschalen auf. Fein gekrümelt oder in einer alten Hand-Kaffeemühle vermahlen, können sie in Gegenden mit kalkarmem Wasser in die Garten- oder Topferde eingebracht werden. Der gemahlene Kalkdünger lässt sich auch gut in Vorratsgläsern sammeln.

Kompostieren

Kompost ist das Mittel der Wahl, um kostensparend und einfach den Garten mit Humus, Nährstoffen und aktivem Bodenleben optimal zu versorgen. Was für uns Menschen gilt, ist auch für die Pflanzen oberstes Gebot: Wer sich schön ausgewogen ernährt, bleibt gesund, gedeiht und ist abwehrstark.

In jedem Garten gibt es Nischen für einen Kompostplatz – vielleicht nicht unbedingt neben der Sonnenterrasse, da bei dem Stoffwechsel der biologischen Substanzen durchaus Gerüche entstehen.

Im Fachhandel gibt es verschiedenste Stecksysteme aus Holz und Plastik – von einfachen und offenen Holzboxen bis zu geschlossenen Plastikboxen zur schnellen Heißrottung. Wer viel Platz hat, kann einfach offene Haufen anlegen.

SO EIN MIST: KOMPOST-BASICS

 DIE BESTEN ZUTATEN

Wenn Ihre Pflanzen bunte Blüten und pralle Früchte treiben, können Sie stolz behaupten, dass alles auf Ihrem eigenen Mist gewachsen ist. Wichtig: Die richtige Mischung macht's beim Kompostieren!

ALLE ORGANISCHEN RESTE aus Küche und Garten – zum Beispiel Gemüse- und Obstreste, Eierschalen, Tee- und Kaffeesatz, Blätter, Grasschnitt, ausgerissene Pflanzen etc. – können auf den Kompost.

HOLZIGE GARTENRESTE wie Zweige und Äste sollten zuvor kleingehäckselt und nur in geringer Dosierung eingearbeitet werden.

RASENSCHNITT wird gut eingemischt beziehungsweise nur in dünnen Schichten aufgebracht, da es sonst zu Fäulnisprozessen mit starker Erhitzung kommen kann.

TABU sind gekochte Essensreste (weil sie ungebetene Nagetiere anziehen), Grillkohle-Aschen, un- oder schwer verrottbare Bestandteile, große Mengen an Zitrusschalen, kranke Pflanzen, Verschimmeltes sowie samentragende Unkräuter oder ihre Wurzeln.

HELFER: Schichten von Muttererde oder fertigem Kompost können immer wieder eingemischt werden – das fördert die Besiedelung mit den richtigen Lebewesen für die gute Rottung. Auch dünn ausgestreutes Gesteinsmehl, Algenkalk und Holzasche von unbehandeltem Holz sind hilfreich.

 DER PERFEKTE AUFBAU

Planen Sie genug Platz für zwei Haufen ein, da jeweils einer bis zu einem Jahr ruhen muss, bis der Kompost reif ist.

ALS STANDORT empfiehlt sich eine beschattete Ecke des Gartens, wo der Haufen auf der blanken Erde und nicht auf einem versiegelten Untergrund steht.

ZUUNTERST sollte man eine Schicht Holzhäcksel geben, damit die Sickersäfte aufgenommen werden können.

DARÜBER wird grobstängeliges Material als Drainage geschichtet. Auf diesem Unterbau können nun alle kompostierbaren Bestandteile nach und nach aufgebracht werden.

DAZWISCHEN: Es zahlt sich aus, feuchte und trockene Materialien zu mischen und hin und wieder eine Schicht humosen Bodens oder reifen Kompostes einzuarbeiten.

HÖHE: Der Kompost sollte nur etwa 1,5 Meter hoch geschichtet und als Abschluss mit Laub oder Ähnlichem abgedeckt werden.

RUHE: Je nach Zusammensetzung und Jahreszeit sollte der Haufen sechs bis zwölf Monate ruhen, derweil eventuell einmal umsetzen/mischen. Um ggf. grobe Bestandteile zu entfernen, die gut verrottete Komposterde durch ein großes Gitter sieben. Dann kann sie in feiner Dosierung im Garten ausgebracht und in die obere Bodenschicht eingearbeitet werden.

Starkes Saatgut

WAS DER MENSCH SÄT, DAS WIRD ER ERNTEN

… lautet einer der meistzitierten Bibelsprüche – und er ist für den aktuellen Zustand der Welt im Allgemeinen und die Entwicklung der Agrartechnik im Besonderen von zeitloser und immenser Bedeutung. Die Maxime »Schneller! Höher! Weiter!« ist längst bis in die kleinste Zelle vorgedrungen – nämlich bis ins Saatgut hinein: Normgerecht und mitunter monströs produziertes Obst und Gemüse ist zunehmend wichtiger als Geschmack und Vielfalt: Wohl bekomm's …

Wer es lieber natürlich, weniger nitratbelastet und dafür aromatischer mag, ist gut beraten, seine Frischware im Bioladen oder beim Erzeuger seines Vertrauens zu beziehen – oder eben selbst zu produzieren. Die Mühe ist es allemal wert, und das naturbelassene Samenkorn geht, bei guter Pflege und liebevoller Zuwendung, ganz sicher auf!

Diese Saat geht auf

Als Saatgut werden die getrockneten Fortpflanzungsorgane wie Samen, (Schein-) Früchte, Fruchtstände oder Teile davon bezeichnet. Hierin liegen der Keim und genetische Bauplan jeder Pflanze.

Nach der Ernte befinden sich die Samen in der sogenannten Keimruhe. Dadurch sorgt Mutter Natur für neues Leben zur rechten Zeit, meist im Frühling.

Saatgut behält – trocken, dunkel und kühl gelagert – über viele Jahre hinweg seine Lebenskraft.

Prinzipiell lässt sich Saatgut selbst ziehen, allerdings ist dies sehr aufwendig und erfordert ein umfangreiches Spezialwissen, außer bei unkomplizierteren Protagonisten wie Sonnen- und Ringelblumen. Kompliziert wird es bei den Gemüsekulturen, da viele zweijährig und deren Samen erst im Folgejahr zu ernten sind.

Großes Potenzial

Beim Saatgut sind Gesundheit, Sortenreinheit, Keimfähigkeit und Triebkraft essenzielle Faktoren. Die beste Wahl ist biologisch erzeugtes Saatgut, statt zum billigen Samentütchen im Supermarkt zu greifen. Für ein paar Euro mehr gibt es zum Beispiel bei einem qualifizierten Händler (Seite 33) Saatgut nach Wunsch, das viele Vorteile gegenüber konventioneller Zucht hat.

Meist bilden alte Sorten die Grundlage, die durch Zucht weiterentwickelt werden und sich speziell für den Öko-Landbau und Hausgarten eignen. Dieses Keimgut ist widerstandsfähiger und nicht – wie konventionell erzeugtes Saatgut – auf die Hilfe von chemisch-synthetischen Dünge- und Pflanzenschutzmitteln angewiesen. Außerdem treffen Sie eine Entscheidung für die Vielfalt heimischer Obst- und

Gemüsesorten, die so erhalten wird. Sie handeln sich damit keinen Protoypen, kein chemisch behandeltes, dafür aber gentechnikfreies Saatgut ein.

Was bedeutet »samenfest«?

Viele Gemüsesorten tragen im Öko-Handel inzwischen das Qualitätsmerkmal »samenfest«. Samenfeste Sorten entstehen ausschließlich durch Selektion und ohne Gentechnik, vererben ihre Eigenschaften weiter und sind uneingeschränkt vermehrungsfähig.

Das Gegenteil sind sogenannte Hybride (auf der Samentüte mit dem Zusatz »F1« kenntlich gemacht), die aus der Kreuzung zweier Inzuchtlinien resultieren. Derartiges Saatgut ist für den Bauern zur Weitervermehrung jedoch nutzlos, da es nur innerhalb einer Generation gute Erträge liefert, danach verlieren sich die ange-

züchteten Merkmale wieder. Weitere Nachteile sind eine Qualitätseinbuße, geschmackliche Veränderung, die Abhängigkeit von den Techniken und Fertigkeiten der Saatgutproduzenten sowie große Ertragsschwankungen.

Samenfeste Sorten besitzen einen höheren Anteil an Zucker – ein Beleg für gutes Reifevermögen. Die Früchte sind aromatischer und häufig süßer. Der Nitratgehalt ist oft niedriger als der von Hybriden. Nicht zuletzt überzeugt der ausgewogenere Geschmack.

Trotzdem setzt die Landwirtschaft meist auf Hybride, da sie eine prototypische Einheitsform, voluminöse Früchte und hohe Erträge garantieren. Mein Rat: Finger weg von Hybriden und gentechnisch verändertem Saatgut!

Meiner Meinung nach ist es unverantwortlich, gentechnisch veränderte

Lebensformen in die freie Natur zu setzen, da bisher noch nicht ausreichend erforscht ist, welche »Nebenwirkungen« solche Sorten mit sich bringen und wie sie sich langfristig auf die gesamte Flora und Fauna auswirken. Daher mein Tipp: zu den alten und bewährten, möglichst biologisch zertifizierten Saaten greifen.

Die Saat ausbringen

Viele Kulturen können ab Mitte/Ende April oder Mitte Mai direkt ins Freiland gesät beziehungsweise gepflanzt werden. Folgendes ist dabei zu beachten:

- Wählen Sie die Sorten auch im Hinblick auf Krankheitsbefall aus: Hier gibt es einige, die gegen bestimmte Krankheiten resistent oder zumindest tolerant sind.
- Die Samen am Vorabend in Wasser einlegen, so keimen sie im Freien schneller.
- Der Boden sollte nicht zu nass oder schmierig sein.
- Als Vorbereitung ist es hilfreich, Saat- oder Pflanzreihen in den gewünschten Abständen zu markieren und dann entsprechend zu säen oder zu pflanzen.
- Feine Sämereien werden mit einer dünnen Schicht feinkrümeliger Erde bedeckt und leicht angedrückt.
- Dicke Samen wie Bohnen und Erbsen können einfach in die Erde hineingedrückt werden.
- Als Faustregel gilt: So dick mit Erde bedecken, wie das Saatgut dick ist. Bei ausgewiesenen Dunkelkeimern mindestens in dreifacher Saatgutdicke, bei Lichtkeimern nur dünn mit Erde oder eventuell nur mit Sand abdecken.

- Aussaaten und Pflanzungen müssen im Anschluss gut angegossen werden, und auch in den nächsten Tagen ist eine ausreichende Wasserversorgung wichtig. Achtung: Die Aussaat nicht ertränken, den Boden nicht verschlämmen!

BIO-SAATGUT KAUFEN

Viele Saatguthändler haben mittlerweile Angebote, die besonders auf Hobbygärtner abgestimmt sind, zum Beispiel Saatbänder oder -scheiben, in denen das Saatgut schon im optimalen Abstand aufgebracht ist. Zudem gibt es gezielte Züchtungen wie kleinfrüchtige, besonders bunte oder buschig wachsende Sorten diverser Gemüsearten, die sich besonders für Topfkulturen und kleine Gärten eignen. Doch auch hier gilt mein Rat bezüglich Hybriden und gentechnisch manipuliertem Saatgut (Seite 32).

Im Folgenden eine Auswahl bio-zertifizierter Saatguthändler:

Bingenheimer Saatgut AG, Echzell: www.bingenheimersaatgut.de

De Bolster, Niederlande: www.biosaatgut.eu

Dreschflegel, Witzenhausen: www.dreschflegel-saatgut.de

Reinsaat, Österreich: www.reinsaat.at

Wassersegen

ALLES GUTE KOMMT VON OBEN

Wenn der Himmel – nicht ständig und allzu heftig – weint, freut sich der Gärtner. Denn Regen ist seit Menschengedenken eine völlig kostenfreie Bewässerungstechnik, die rund um den Globus zum Einsatz kommt. Das Problem dabei ist nur, dass die an- beziehungsweise herabfallende Menge schwer vorhersagbar, einschätzbar und dosierbar ist. Daher lohnt es sich hierzulande sehr, das kostbare Nass in einer Tonne zu sammeln.

Egal ob Leitungs- oder Regenwasser: Trinkwasser ist eine kostbare Ressource, die sparsam verwendet werden muss. Übermäßiger Verbrauch belastet die Umwelt, weil das benötigte Wasser der Landschaft künstlich entzogen wird. Bei Wasserknappheit sind Pflanzen übrigens imstande, ihr Wurzelgeflecht zu vergrößern, um tiefer liegendes Grundwasser anzuzapfen. Die Pflanze »verlernt« diese Fähigkeit, wenn sie ständig in der feuchten Komfortzone dümpelt.

So kommt die Gartenarbeit in Fluss

- Es ist empfehlenswert, vorzugsweise Regenwasser zu verwenden, da es weniger kalkhaltig und wohltemperierter als Leitungswasser ist.
- Die Tonne steht möglichst unter einem »Regensammler«, der in das Fallrohr der Regenrinne eingesetzt wird. An dieser Stelle kann ein praktischer Einsatz, der gleichzeitig Laub und andere grobe Bestandteile herausfiltert, eingebaut werden. Die Tonne sollte eine möglichst große Entnahmeöffnung haben und mit einem oben oder unten angebrachten Hahn versehen sein.
- Um in den heißen Sommermonaten eine Mückenplage zu vermeiden, empfiehlt es sich, zu diesem Zweck einen geschlossenen Sammelbehälter auszuwählen oder die Tonne einfach mit einem Deckel zu schließen, damit lästige Stechmücken dort nicht ihre Eier ablegen können.
- In großen Gärten kann ein eigener Brunnen eine sinnvolle Maßnahme sein, um entweder per manueller Schwengelpumpe oder per Elektropumpe das Grundwasser zutage zu fördern. Hierfür bedarf es allerdings einer behördlichen Genehmigung und professioneller Hilfe vom Fachmann.

Richtig gießen

- Es empfiehlt sich, mit der Gießkanne direkt und dosiert auf die Erde rund um die Pflanze zu gießen. Wer mit dem Schlauch auf junge Setz- und Sprösslinge zielt, riskiert, die zarten Pflänzchen durch den harten und meist kalten Strahl zu verletzen. Dabei kann der

Pflanzenstiel umknicken, Blätter können abbrechen, oder der Trieb bekommt einen regelrechten wachstumshemmenden Kälteschock verpasst.

- Um tagsüber, besonders bei starker Sonneneinstrahlung, Blattschäden zu vermeiden, sollte das Gießen morgens oder abends stattfinden. Die Wassertropfen auf den Blättern wirken wie Brenngläser und verursachen braune Flecken. Zudem verdunstet das Wasser während der Mittagshitze, sodass dann viel mehr gegossen werden muss.
- Bei Starkregen muss außerdem unbedingt beobachtet werden, ob das Regenwasser in den Boden einsickert. Bilden sich Pfützen und Rinnsale, kann der Boden das Wasser nicht aufnehmen. Die Erde sollte in diesem Fall regelmäßig aufgelockert werden.

Bewässerungssysteme

Je nach Größe des Gartens und verfügbarer Zeit wird es zur Herausforderung, den Garten mit der Gießkanne von Hand zu gießen. Folgende Alternativen bieten sich im Garten an.

- Die einfachste Lösung: ein Gartenschlauch mit Gießkopf, dessen Brause eine »regenähnliche« Einstellung hat und kleine, sanft fallende Wassertropfen ohne Sprühnebel produziert.
- Oder sogenannte Regner, die auf niedrigen oder hohen Ständern montiert im Garten aufgestellt werden und am Wasserschlauch angeschlossen sind.
- Sehr komfortabel: ein Tröpfchenbewässerungssystem, das aus Schläuchen mit Tropflöchern oder -köpfen besteht, die

direkt an die Pflanzen oder Kulturreihen gelegt beziehungsweise gesteckt werden und so den Boden wässern. Dieses System empfiehlt sich bei großen Gärten oder auch bei Topfkulturen.

Topfpflanzen gießen

Bei den Balkon-Topf-Gärten muss der Gärtner ein ganz besonderes Augenmerk auf die regelmäßige Wasserversorgung

lenken, da die Erde meist aufgrund geringerer Tiefe und fehlender mineralischer Bodensubstanz das Wasser schlechter hält und es schneller verdunstet.

- Im Fachhandel werden mittlerweile verschiedenste Stecksysteme zur Direktbewässerung von Töpfen angeboten, die allerdings immer einen Anschluss an die Wasserleitung benötigen.
- Es gibt Vorratssysteme, die bei Balkonkästen zum Beispiel unten im Kasten integriert sind. Ansonsten gibt es Tonkegel, die in den Topf gesteckt werden und per Schlauch an einen Wasservorrat aus einer Flasche, einem Eimer oder einer Regentonne angeschlossen sind und der Pflanze je nach Bedarf Wasser nachliefern.
- Ein ähnliches physikalisches Prinzip (Saugen nach Bedarf) kann man anhand normaler Flaschen mit dünnem Hals nutzen. Diese werden mit Wasser gefüllt und umgekehrt 10 bis 15 cm tief in die Topferde gesteckt. Sie geben das Wasser nach Bedarf ab. Für eine bessere Dosierung kann der Deckel auf die Flasche geschraubt und mit kleinen Löchern versehen werden.

Ob Schlauch oder Gießkanne, Sprenkler, Brunnen oder Regentonne – auf jeden Fall sollten Sie immer erst einmal sorgfältig abwägen, welche Maßnahme bei Ihnen tatsächlich sinnvoll ist, Wasser spart und vor allem dem Pflanzenwachstum zuträglich ist. Lieber seltener reichlich gießen als jeden Tag ein bisschen, da dem Pflanzenwachstum die Abwechslung am besten bekommt.

Erste Hilfe

GEGEN SCHÄDLINGE UND KRANKHEITEN

Sie haben alle Hausaufgaben erledigt: für nährstoffreiche und lockere Erde gesorgt, den Dünger à la Hausmarke selbst hergestellt, ökologisches Saatgut geordert und eingepflanzt, blütenweiches Regenwasser gesammelt und den Acker – beziehungsweise Ihr Beet oder den Topf – optimal bestellt. Eigentlich müssten sowohl der Plan als auch die Saat jetzt aufgehen … Trotzdem lassen die Pflanzen die Blätter hängen, verlieren die Lust am Wachstum und die gesunde Farbe? Dann liegt die Vermutung nahe, dass die Pflanzen krank oder von Schädligen befallen sind. Keine Panik! Und vor allem: Nicht gleich unüberlegt mit der Chemiekeule drauflosknüppeln, sondern sich achtsam dem gekränkten Pflänzchen nähern und erst mal eine gründliche Diagnose stellen.

Schwer gekränkt?

Grundsätzlich gilt: Eine Pflanze, die in gutem, humosem und belebtem Boden, bei harmonischer Nährstoff- und Wasserversorgung und mit ausreichend Licht wächst, hat die besten Voraussetzungen, um gesund und widerstandsfähig zu sein. Oft kommt es erst bei Unter- oder Überversorgung mit Nährstoffen oder Wasser zu Ungleichgewichten, die Pflanzen anfällig für Krankheiten und Schädlinge machen oder das Milieu im Boden so verändern, dass sich bestimmte Erreger oder Schädlinge übermäßig vermehren.

- Zu den häufigsten Krankheiten, die den Gemüse-, Kräuter- und Obst-Zöglingen zu schaffen machen, zählen Pilzkrankheiten wie echter und falscher Mehltau, Botrytis (Grauschimmel), Braunfäule (Kraut- und Knollenfäule), Roste etc.
- Auch Bakterien und Viren können Pflanzenkrankheiten hervorrufen, besonders Viren haben sich oft regelrecht auf eine Pflanzenart spezialisiert.

Zur Bestimmung von Krankheiten und Schädlingen sowie für gezielte Gegenmaßnahmen bietet eine breite Auswahl an Fachliteratur eine gute Hilfe (siehe Buchtipps auf Seite 270). Im Folgenden beispielhaft einige bewährte Tipps.

Große und kleine Schädlinge wirksam abwehren

Bei den Schädlingen finden sich Vertreter aller Art, und häufig ist es eine Frage der individuellen Toleranz, ab wann ein Tier als Schädling erscheint.

- Gegen Rehe, Kaninchen, Wildschweine und Co. können Zäune effektiv sein oder die Abschreckung durch spezielle Düfte: Basilikum, Knoblauch, Wermut, Rainfarn, Bohnenkraut, Tomaten und andere »dufte Pflanzen« sind äußerst wirkungsvoll.

- Vögel können mit Netzen und Windspielen ferngehalten werden. Achtung: Viele Vögel zählen zu den Nützlingen, die Schädlinge wie Insekten auf natürliche Weise in Schach halten!
- Mäuse-Invasionen jeglicher Art lassen sich im Grunde nur mit (Lebend-)Fallen reduzieren.
- Bei Schnecken hilft am effektivsten das Absammeln, indem Holzstücke oder Pappe ausgelegt und tagsüber die darunter sitzenden Schnecken »geerntet« werden. Aber auch Bierfallen, Schneckenzäune und Schneckenkorn aus Eisen-III-Phosphat sind wirksame Helfer gegen ein Überhandnehmen der schleimigen Kriecher.
- Auch Rainfarn- und Farnkrautblätter können, als Mulch ausgebracht, vor Schneckeninvasionen schützen.
- Kleinere Schädlinge – wie Läuse, Weiße Fliegen, Tripse, Kartoffelkäfer, Motten, Raupen – können durch spezifische Nützlinge sowie durch Kräuterauszüge, Jauchen oder Schmierseifenlauge dezimiert werden.
- Duft oder Wurzelabsonderung halten bestimmte Schädlinge fern: Basilikum die Fliegen, Tagetes die Ählchen/Nematoden, Bohnenkraut die Blattläuse der Bohnen, Tomaten die Kohlweißlinge.
- Weitere pflanzliche Hilfen lassen sich leicht selbst brauen, indem aus Kräutern kalte Auszüge, Tees oder Jauchen hergestellt und entweder prophylaktisch und pflanzenstärkend oder gezielt auf kranke oder befallene Pflanzen ausgebracht werden. So helfen zum Beispiel Auszüge aus Brennnessel, Knoblauch oder Farn-

kraut gegen Läuse genauso wie eine dünne Schmierseifenlösung; Tees und Jauchen aus Tomaten, Wermut und Rainfarn wehren verschiedene Schmetterlingsraupen ab.

Der ökologische Weg

Öko-Gärtner machen sich die Natur generell nicht zum Feind und verzichten auf umweltschädigendes Gift. Allgemein gilt: Leben und leben lassen – möglichst in ausgewogener Vielfalt!

- Fördern Sie daher Nützlinge in Ihrem Garten – zum Beispiel Vögel, indem Sie Nistkästen anbringen; schaffen Sie Rückzugsbereiche für Igel, Kröten und Spitzmäuse etc.; oder bereichern Sie Ihre Familie um ein paar Laufenten oder eine Katze, die Schnecken beziehungsweise Mäuse in die Flucht schlagen.
- Zudem können Nachbarschaftsverhältnisse zwischen bestimmten Pflanzen in Mischkultur äußerst zweckdienlich als Schutz und Stärkung sein:

Gute Nachbarn im Beet

- Möhren + Zwiebeln/Lauch
- Buschbohnen + Rote Bete/Kohl
- Tomaten + Kohl/Sellerie/Petersilie
- Erdbeeren + Zwiebeln/Knoblauch
- Salate + Kohlsorten/Tomaten/Erbsen

Schlechte Nachbarn

- Salate + Sellerie/Petersilie
- Bohnen + Erbsen/Kohl/Zwiebeln/Porree
- Kohl + Zwiebeln/Knoblauch/Kohl
- Tomaten + Kartoffeln/Fenchel/Gurke

Unkräuter oder Beikräuter?

GEGEN DEN VERDRÄNGUNGSWETTBEWERB

Die Natur an sich kennt keine Klassifizierung in schlechte und gute Kräuter. Jede Pflanze hat in der Schöpfung ihren Platz, hat ihren ursprünglichen Standort mit gleichgesinnten »Gesellschaften« (Pflanzensoziologie). Erst wo der Mensch beginnt, Kulturlandschaften zu kreieren, stark in die Natur einzugreifen und bestimmte Pflanzen bevorzugt wachsen zu lassen, werden manche andere Pflanzen zu »Un«-kräutern, milder auch als Bei- oder Wildkräuter bezeichnet.

Die Menge macht's

Für mich als Gärtnerin gibt es Grenzen in Bezug auf Menge oder Hartnäckigkeit, an denen eine Pflanze vom Bei- zum Unkraut wird.

Bei der Pflege des eigenen Gartens sollte man bedenken, dass Beikräutervielfalt zwar auch gut für die Insektenwelt ist, andererseits jedoch den Kulturpflanzen Wasser, Nährstoffe und je nach Dichte und Vorsprung im Wachstum auch Luft und Licht streitig macht. Pflanzen »in Kultur nehmen« heißt also auch, sie im Wachstum zu begleiten, ihnen helfend zur Seite zu stehen, auch gegenüber den Beikräutern. Vorbeugend kann man die Erde zwischen den Kulturen mulchen oder regelmäßig hacken oder jäten, also die Beikräuter ausreißen oder zumindest im Wachstum stören.

Kategorie Unkraut

Einige Vertreter der Wildkräuter sind besonders hartnäckig und störend im Garten, etwa weil sie sich über (Speicher-)Wurzeln ausbreiten, extrem viele und keimfähige Samen produzieren oder bedenklich für die menschliche Gesundheit sind. Hier einige Beispiele:

• Zu den Wurzelunkräutern, denen man nur durch Hartnäckigkeit, Wurzelsperren, Raussammeln mitsamt Wurzeln und dann Entsorgung in der Mülltonne (nicht im Kompost!) beikommen kann, gehören Quecke, Giersch, verschiedene Ampfer, Beinwell (wenn er sich nicht auf den zugeteilten Platz beschränkt), Ackerkratzdistel und Sumpfziest.

• Als Samenunkräuter stufe ich unter anderem die verschiedenen Ampfer, Franzosenkraut, verschiedene Kamillen und teils auch die Vogelmiere ein.

• Wer Riesenbärenklau (Herkulesstaude) und Ambrosia entfernen will, muss sich gut schützen: Der Riesenbärenklau sondert ein Gift ab, das in Verbindung mit Sonnenlicht zu starken Verbrennungen führt; die Ambrosia kann heftige allergische Reaktionen auslösen. Beide sollte man in seinem Garten nicht dulden.

Mit Herz und Hand

Ganz egal, ob Ihr Garten die Dimension eines Fußballfeldes besitzt oder auf ein sonniges Fensterbrett passt: Wenn Sie mit dem Herzen und der nötigen Hingabe bei der Sache sind, Ihre Pflänzchen aufmerksam und liebevoll pflegen und auf die jeweiligen Bedürfnisse eingehen, wird Ihre Gartenarbeit Früchte tragen. Quantität ist für Hobbygärtner kein Maßstab, die Qualität hat – gerade im Vergleich zu konventionell gezüchtetem Obst und Gemüse – den eindeutig höheren Stellenwert. Frisches Grünzeug Marke Eigenanbau mit Biss und Charakter, Geschmack und Nährwert machen bereits das Schnittlauchbutterbrot mit selbst gezüchteten Tomaten und knackigem Salat zum kleinen, aber feinen Sommerfest: Guten Appetit!

ÜBERREICHE ERNTE

Was mache ich, wenn plötzlich haufenweise Gemüse und Obst anfällt – zum Beispiel Zucchini, Kürbisse, Pflaumen oder Äpfel? Während der Sommersaison gibt es immer wieder Erntespitzen, die massenhaft Obst oder Gemüse einbringen.

Meist freuen sich Freunde oder Nachbarn über erntefrisches Grünzeug. Was übrig bleibt, wird eingekocht oder eingelegt, eingefroren oder als Chutney verarbeitet.

RICHTIG LAGERN

Die Lagerung von Obst und Gemüse ist meist etwas schwieriger, weil viele Keller inzwischen beheizt sind und bei Mietwohnungen häufig kein Dachboden mehr zur Verfügung steht. Gelagertes Gemüse und Obst sollte regelmäßig kontrolliert werden, um kranke Teile zu entfernen.

ZWIEBELN, SCHALOTTEN UND KNOBLAUCH werden in der Sonne getrocknet und entweder zu langen Zöpfen geflochten aufgehängt oder in flachen Holzstiegen gelagert, möglichst trocken und kühl. Hier bietet sich ein Dachboden an.

KÜRBISSE lagern am besten trocken bei 10 bis 15 °C, eventuell auf einem isolierten Dachboden.

WURZELGEMÜSE wie Möhren, Rote Bete, Sellerie, Pastinaken, Petersilienwurzel und Steckrüben lagern optimal in einem bis zu 2 °C kühlen, dunklen, leicht feuchten Kellerraum und können auch in eine Sandkiste eingebuddelt werden.

KARTOFFELN brauchen eine vom Licht abgeschottete Lagerung nicht kälter als 4 °C, da sie sonst grün und süß werden.

WIRSING, WEISS- UND ROTKOHL sind gut in einem kühlen, eher feuchten Keller für einige Wochen lagerbar.

ÄPFEL UND BIRNEN lassen sich ebenfalls prima in einem kühlen, frostfreien Kellerraum in einer flachen Holzkiste lagern.

KRÄUTER trocknen am besten so: ganzes Kraut zu Sträußen gebunden auf einem nicht isolierten Dachboden, gezupfte Blätter oder Blüten in einem Trockengerät. Gut durchgetrocknete Kräuter sind in Blechdosen oder dunklen Gläsern lange haltbar.

FESTE FEIERN, WIE SIE FALLEN

Frühling, Sommer, Herbst und Winter – ein bunter Strauß aus Blüten und Blättern, Kräutern und Früchten. In jeder Jahreszeit gibt es einen ganz natürlichen Höhepunkt, und alle Kulturen zelebrieren dies seit Jahrtausenden mit Ritualen, ausgelassenen Festen und sinnlichem Vergnügen.

RITUALE VERBINDEN DIE PHASEN DES ÜBERGANGS

Die Rhythmen der Natur prägen den Lauf des Lebens, deshalb wurden die Zeiten der Veränderung in Ritualen gewürdigt: als Interaktionen mit der Umwelt – mit der uns umgebenden Welt. Sie markieren Übergänge, Lebensabschnitte und kosmische wie jahreszeitliche Veränderungen.

Der Garten des Lebens teilt diese Phasen in Entstehen, Wachsen, Reifen und Vergehen ein. Indem wir dieses mächtige universelle Gesetz anerkennen, respektieren wir unsere eigene Natur.

Vielen religiösen Riten und Feiertagen liegt ein ursprünglich heidnischer Brauch zugrunde, der die Ehrfurcht vor dem Leben und den Einklang mit den Naturgesetzen in seiner ganzen Tiefe und Dimension erfasst und auf uralten Wurzeln beruht. Einige dieser Rituale zeigen, dass einst in unseren Breiten – wie in allen anderen Kulturen auch – eine starke Verbundenheit mit Mutter Natur und all ihren Ausdrucksformen bestand, beispielsweise:

- die Rauhnächte, die den Übergang zum Totenreich symbolisieren,
- das Osterfest als optimistisches Zeichen des Neubeginns,
- die Sommersonnenwendfeier, die die Bedeutung von Licht und Wärme in den Mittelpunkt stellt,
- das Erntedankfest, das die Gaben der Natur würdigt.

 ## ZUSAMMEN IS(S)T MAN WENIGER ALLEIN

Einfach dem Lauf der Sonne folgen und der Natur ihren freien Lauf lassen: Die Partysanen, Sonnenanbeter, Lichtgestalten, Lebens(abschnitts)gefährten, besten und allerbesten Freunde folgen dem Ruf einer Einladung in Ihrem persönlichen Biotop ganz bestimmt! Zuvor steht allerdings jede Menge Gartenarbeit an – im Frühling mehr, im Winter weniger. Und dann geht's in der Küche ans Eingemachte.

Die Früchte von so viel Arbeit wollen bestaunt, genossen und gefeiert werden: Wir sollten diese uralten Rituale, in denen unsere kulturellen Wurzeln liegen, und unsere freundschaftlichen und familiären Verbindungen liebevoll pflegen. Denn gute Verwurzelung verzweigt sich in Standfestigkeit, pflanzt sich in solidem Wachstum fort, und am Ende fruchtet alles und schenkt ein erfülltes Leben. Man lebt nur einmal: Feiern Sie die Feste, wie sie fallen!

Küchen-Basics

ESSEN & TRINKEN, WAS GUTTUT

Ayurveda & Co.
Was uns gesund und glücklich macht

RAUS AUS DEM GARTEN UND REIN IN MEIN
(LIEBLINGS-)THEMA: **AYURVEDA, DIE LEHRE VOM LEBEN.**
DAS ORIGINAL INDISCHE KONZEPT HAT GUTE
6000 JAHRE AUF DEM BUCKEL UND IST BEI UNS IM
WESTEN NOCH GAR NICHT SO LANGE *EN VOGUE.*
WIR MISCHEN HEUTE KRÄFTIG **GEWÜRZE** WIE
VERDAUUNGSFÖRDERNDEN KURKUMA IN DIE SPEISEN,
HEIZEN MIT SCHARFEM INGWER EIN UND
PEPPEN MIT FEURIGEM CHILI & CO. AUF. DABEI
VERGESSEN WIR MITUNTER **UNSERE WURZELN,**
UNSERE EIGENE URALTE TRADITION, DIE AUS EINER
UNGLAUBLICHEN VIELFALT AN **HEIMISCHEN
HEIL- UND NUTZPFLANZEN** SCHÖPFT.

Der »europäische Ayurveda«

HEILKUNST AUS DEM KLOSTER

Leider existiert in unseren Breiten kein Kompendium, das vergleichbar umfassend wie der Ayurveda ist. Vermutlich ging ein Großteil des ehemals mündlich überlieferten Know-hows im Feuer der Hexenverbrennungen des Mittelalters auf. Die Mystikerin und Nonne Hildegard von Bingen wusste bereits zu jener Zeit von den »Bausteinen des Lebens«, die auch im Ayurveda eine elementare Rolle spielen: »Im Menschen sind Feuer, Luft, Wasser und Erde, und aus ihnen besteht er. Vom Feuer hat er die Wärme, von der Luft den Atem, vom Wasser das Blut und von der Erde den Körper.« Bis auf den »Baustein« Äther, der laut Ayurveda den Raum allen Lebens bildet, ist diese Aufzählung komplett!

Die kluge Frau postulierte auch, dass es für jede Krankheit Heilung gibt – oder dass zumindest ein heimisches Kraut dafür gewachsen ist. Dies mag heute für die modernen Zivilisationskrankheiten derart vereinfacht und pauschal betrachtet nicht mehr gültig sein. Aber zumindest sprießen rund um den Globus buchstäblich Naturapotheken aus dem Boden, die für jede Region die nötigen Heilpflanzen bieten: Was den einen die Goji-Beere, ist den anderen die Hagebutte. Im jeweiligen Garten Eden wächst von jeher das geeignete Heilmittel – und das nicht nur zur Sommerzeit.

Pioniere des Gartenbaus

Werfen wir einen weiten Blick über den Zaun zurück zum Ursprung des Nutzgartens: Die Klostergärten des Mittelalters wurden zum Zweck der Zucht von Heil- und Nutzpflanzen angelegt. Die Klöster nahmen damit einen wichtigen Einfluss auf Anbau, Verbreitung und Verwendung der Pflanzen. Hier liegt der Ursprung der europäischen Pflanzen- und Heilmittelkunde sowie des Gartenbaus.

Der heilige Benedikt und die Selbstversorgung

Die im 6. Jahrhundert verfasste Benediktus-Regel setzte den Rahmen klösterlicher Selbstversorgung: »Das Kloster soll, wenn möglich, so angelegt werden, dass sich alles Notwendige, nämlich Wasser, Mühle und Garten, innerhalb des Klosters befindet und die verschiedenen Arten des Handwerks dort ausgeübt werden können.« (Regula Benedicti, Kap. 66)

Der Verfasser dieser Regel ist der Vor- und Querdenker Benedikt von Nursia, ein Aussteiger und Sohn aus gutem Hause. Auf ihn bin ich bereits in meinem Kochbuch »So schmeckt Glück!« ausführlich eingegangen. Die Moral von der Geschichte: Der wirklich gute Mann wurde heiliggesprochen, weil er die Bedürfnisse seiner Zeit erkannte, das mönchische

Gemeinschaftsleben kultivierte und auch die dafür nötigen Mittel nicht außer Acht gelassen hat. »Ora et labora« – ein ganzheitlich sowie nachhaltig funktionierender Businessplan.

Die Gemeinschaft der Benediktiner und vieler anderer Klöster geht auf seine Prinzipien zurück: maßvolles und ausgewogenes Leben, einfache vegetarische Ernährung mit einer Hauptmahlzeit mittags und geregelte Zeiten für Arbeit, spirituelle Praxis und Schlaf …

Kommt Ihnen das alles irgendwie ayurvedisch vor? Mir auch. Dabei handelt es sich übrigens weniger um Askese, als vielmehr um eine vernünftige, im Einklang mit der inneren und äußeren Natur stehende Lebensweise. Die östlichen und westlichen Ansichten bilden jeweils eine Seite der gleichen Medaille: Alles ist eins und steht miteinander in Bezug. Tatsächlich gibt es viele Parallelen zwischen der traditionellen europäischen Volksheilkunde und dem Ayurveda. Beide Konzepte gehen zudem nicht auf einen Begründer zurück, sondern sind große Wissensschätze, die über die Zeit hinweg von zahlreichen Heil- und Naturkundigen gesammelt wurden.

Hildegard von Bingen – Heilerin und Visionärin

Eine weitere Reformerin und couragierte Macherin ist Hildegard von Bingen, ebenfalls Benediktinerin und Universalgelehrte, die im 11. Jahrhundert lebte. Sie verließ sich ganz auf ihre Beobachtungsgabe, Intuition und Fähigkeit zur Vision. Ihre Werke befassen sich mit Religion,

Medizin, Musik, Ethik und Kosmologie. Die Leistung Hildegards von Bingen liegt unter anderem darin, dass sie das damalige Wissen über Krankheiten und Pflanzen aus der griechisch-lateinischen Tradition mit dem der Volksmedizin zusammenbrachte. Die Idee der Einheit liegt Hildegards natur- und heilkundlichen Schriften zugrunde. Sie schreibt, dass die Heilpflanzen nicht nur aus sich selbst wirken. Sie weisen auf ihren Schöpfer hin und sind dem Menschen zu seinem Heil geschenkt. »Trage Vorsorge für deinen

Garten, den Gottes Gabe gepflanzt, und sei auf der Hut, dass seine Gewürzkräuter nicht verdorren.«

Die Wurzel allen Heils

Auch bei Hildegard spielt der Klostergarten eine zentrale Rolle zur Gewinnung von Heilpflanzen für Arzneimittel. Zudem lagen die Klöster häufig in sehr entlegenen Gegenden und waren auf die Versorgung aus eigenen Mitteln angewiesen. Auch wurden dort oft Kranke, Alte und Gebrechliche gepflegt.

Es gab weder die Apotheke um die Ecke noch den Mediziner im weißen Kittel oder den Supermarkt nebenan mit Tiefkühlpizza im Gefrierfach … Die Menschen mussten in abgeschiedenen Lebensgemeinschaften wie Klöstern von dem leben, was die Natur zur Verfügung stellte. Ein Garten oder Stück Land war essenziell fürs Überleben, und die Menschen waren – wohl oder übel – Selbstversorger.

Neben dem Nutzgarten mit Kräutern und Gemüse befand sich üblicherweise ein Obstbaumgarten. Er fungierte übrigens zugleich als Klosterfriedhof, weil er mit seinem jahreszeitlichen Vegetationszyklus als Sinnbild der Auferstehung galt. Nahrungspflanzen, die in größeren Mengen benötigt wurden (wie Erbsen, Rüben und Kohl), baute man auf Landgütern außerhalb des Klosters an. Um dafür Land zu gewinnen, wurden ganze Wälder gerodet, besonders von den Zisterziensern, die wie die Benediktiner weitab von Städten und Siedlungen lebten und den Gartenbau revolutionierten. Bei den Kartäusern

NOMEN EST OMEN

Alternativ zu den volkstümlichen Namen, die oftmals wegen ihres heidnischen Ursprungs abgelehnt wurden, erhielten die angebauten Pflanzen später christianisierte Bezeichnungen: Georgenkraut statt Baldrian, Johanniskraut alias Hartheu etc. Immergrüne Pflanzen wie Efeu symbolisierten das ewige Leben.

erhielt jeder Einsiedlermönch ein kleines Stück Land zur Selbstversorgung.

Klöster als Vermittler

Die Klöster sind und waren ein Fundus antiker Werke über Pflanzen- und Heilmittelkunde, die vervielfältigt, systematisiert und ausgetauscht wurden und dem Studium dienten: Informationen sowie Pflanzen und Samen ursprünglich mediterraner Herkunft gelangten so hinter die Klostermauern – und über diese hinaus – in nördlichere Breiten. Die Mönche und Nonnen sammelten Wissen über die Heilkräuter und deren Wirkung und ergänzten dies durch die mündlichen Überlieferungen der Volksmedizin.

Die weltliche Apotheke, die gegen Ende des Mittelalters entstand, speiste sich aus dem klösterlichen Erfahrungsschatz. In den Städten und Siedlungen legte man nun eigene Kräutergärten zum Zweck der Arzneimittelgewinnung an, und die Lehre der Pharmazeutik wurde entwickelt.

Ayurveda – die Kunst, in Balance zu leben

CARPE DIEM: PFLÜCKE DEN TAG!

»Wenn der Mensch sein Fleisch in Maßen nährt, dann ist auch sein Betragen fröhlich und umgänglich. Wenn er aber im Übermaß der Schmausereien und Gelage dahinlebt, dann legt er zu jedem schändlichen Fehler den Keim. Und wer andererseits seinen Körper durch unterwürfige Enthaltsamkeit schädigt, der geht immer zornig einher.«

Auch hier bringt Hildegard von Bingen, die Fachfrau für ganzheitliche und alternative Heilmethoden, wieder eine große ayurvedische Weisheit auf den Punkt. Maßhalten in allen Belangen des Lebens ohne frustrierende Selbstkasteiung ist ihre Empfehlung für ein ausgeglichenes, gesundes und zufriedenes Leben. Stimmt.

A und O: das rechte Maß

Ein weiterer großer europäischer Heilkundiger, Alchemist und Philosoph des Mittelalters, Paracelsus, erkannte, »dass die Dosis das Gift macht«. Es geht darum, dass vieles, was im Übermaß schädlich ist, in der richtigen Dosierung heilkräftig wirken kann. Dies gilt nicht nur für Heilmittel, sondern auch generell für die Lebens- und Ernährungsgewohnheiten. Und dem ist aus Sicht des Ayurveda im Wesentlichen nichts hinzuzufügen, außer ein paar begrifflichen Erläuterungen …

Verbindlichkeiten: die Rolle der Doshas

Die Lehre des Ayurveda hat das Thema vom rechten Maß bereits etliche Jahrtausende zuvor erkannt und ein Konzept entwickelt, in dem dies gut erfassbar ist.

Fünf Elemente und drei Doshas

Grundsätzlich wird davon ausgegangen, dass die Natur in all ihren Ausdrucksformen aus den fünf Elementen Feuer, Erde, Wasser, Luft und Äther besteht. Diese Elemente stehen in Beziehung zueinander und bilden wiederum drei Gruppen – Doshas – mit unterschiedlichen dynamischen Eigenschaften, die Einfluss auf den menschlichen Körper und den gesamten Kreislauf der Natur nehmen.

Unser Organismus, unsere Verhaltensweisen, die Lebensphasen, Tages- und Jahreszeiten, aber auch klimatische und emotionale Einflüsse werden durch jene lebendige Dynamik bestimmt. Unsere Aufgabe ist es, eine gute Balance der Elemente und Doshas zu schaffen und aufrechtzuerhalten – denn Balance bedeutet körperliche und seelische Gesundheit.

Der Ayurveda gibt uns mit dem Konzept der Doshas eine überaus praktische Bedienungsanleitung an die Hand, und oftmals

zunächst komplex erscheinende Prozesse werden dadurch leicht verständlich. Dosha bedeutet, aus dem Sanskrit übersetzt, »das, was verderben kann«: Wenn das Gleichgewicht der Elementekräfte gestört ist und der Organismus aus der Balance gerät, macht das – überstrapazierte – Dosha das Gift!

Die zyklische Bedeutung der Doshas

Die Charakteristika der drei Doshas Kapha, Pitta und Vata spiegeln sich in den Jahres- und Tageszeiten sowie in unseren Lebensphasen wider, in denen die jeweiligen Eigenschaften stark ausgeprägt sind. Im Gegensatz zur bei uns üblichen Einteilung in Quartale unterscheidet man im Ayurveda übrigens nur drei Jahresphasen.

Das Wetter und die daraus resultierenden Temperaturen wirken sich mit ihren jeweiligen Eigenschaften auf die korrespondierenden Doshas im Körper aus. Ayurveda empfiehlt deshalb eine Ernährungs- und Lebensweise, welche die Balance der Doshas durch den jahreszeitlich bedingten Wechsel bewahrt. Ähnliches gilt für die Tageszeiten und Mahlzeiten und die Lebensphasen.

Die drei Dosha-Phasen:
- **Kapha:** Spätherbst/Winter/Frühlingsbeginn – Kindheit – Frühstück/Abendessen.
- **Pitta:** Frühling/Sommer – Blüte des Lebens – Mittagessen.
- **Vata:** Herbst – Reifezeit/Alter – Zwischenmahlzeiten & Snacks.

Strukturgebend: Kapha

Kapha, »das, was die Dinge zusammenhält«, umfasst die Elemente Wasser und Erde. Im Fokus stehen Struktur, Aufbau, Zusammenhalt und Stabilität. Die Eigenschaften, die daraus resultieren, sind schwer, kalt, weich, ölig, süß, stabil sowie schleimig: Kapha sorgt für den Aufbau der Gewebe, die Schmierung der Gelenke, aber auch für Widerstandsfähigkeit, Stabilität, Potenz, Zufriedenheit, Fürsorge, Toleranz und Geduld.

Kapha bildet sich vor allem im Kopfbereich und Rachen, in der Kehle, im oberen Magen, Brustkorb und in den Gelenken, und es ist in der ersten Lebensphase von der Geburt bis etwa zum 16. Lebensjahr, von morgens 6 bis 10 Uhr und abends von 18 bis 22 Uhr sowie zum Ende des Winters und im Frühling stark ausgeprägt. Es steht für das weibliche Prinzip in der Natur.

Ayurveda praktisch

Kapha besitzt unter anderem die Eigenschaft »schleimig«. Morgens ist die Tendenz zur Verschleimung stärker als zur Mittagszeit, und das wird zum Ende des Winters noch verstärkt: Nicht umsonst ist dies die typische Zeit für Erkältungen und Frühjahrsmüdigkeit. Bei Kindern ist dieser Effekt besonders ausgeprägt. Kapha ist außerdem »kalt«. Um es in Grenzen zu halten und zum Beispiel einer Erkältung vorzubeugen, ist daher eine Tasse heißes Wasser nach dem Aufstehen für den Organismus besser als ein Glas Milch direkt aus dem Kühlschrank.

Erhitzend: Pitta

Pitta charakterisiert »das, was die Dinge verbrennt oder verdaut«. Es ist eine Kombination von Feuer und Wasser und steht für das erhitzende und abbauende Moment. Seine Eigenschaften sind leicht ölig, heiß, flüssig, durchdringend, sauer, fließend und scharf. Pitta sorgt für eine gut funktionierende Verdauung, für Hunger, Durst, Wärmeproduktion, Sehvermögen, Aussehen und Hautbeschaffenheit, für Tapferkeit, Aggression und Intelligenz. Pitta sitzt vor allem im Oberbauch, in den Verdauungsorganen, im Dünndarm, in der Haut, im Schweiß, im Blut und in den Augen. Besonders stark ist Pitta zwischen dem 16. und 45. Lebensjahr, von 10 bis 14 Uhr, von 22 bis 2 Uhr sowie im Sommer/Spätsommer ausgeprägt. Es steht für das männliche Prinzip.

Ayurveda praktisch

Pitta wirkt »sauer« und »heiß«, deshalb sind zum Beispiel bei Hauterkrankungen und allen entzündlichen Prozessen säurehaltige und scharfe Lebensmittel ungünstig. Vor allem bei männlichen Pubertierenden sprießen Pickel und Aggressionen, wenn sie zu viel salzige Chips und säurehaltige Limonaden konsumieren.

Warme Getränke sind auch im Sommer besser als kalte. Unser Organismus leistet Schwerstarbeit wie ein Marathonläufer – und schmeißt man den ins Eiswasser, kollabiert er. Machen wir es also wie die Araber oder Asiaten: Tee trinken mit erfrischenden Kräutern wie Minze und Zitronenmelisse. Das freut den Marathonläufer!

Bewegend: Vata

Vata reguliert »das, was die Dinge bewegt und antreibt« und kombiniert Luft und Äther. Es symbolisiert alle beweglichen und dynamischen Prozesse im Körper und besitzt trockene, kalte, leichte, subtile, bewegliche, klare und raue Eigenschaften. Vata steuert Atmung, Herzschlag, Anregung der Verdauungsprozesse, Ausscheidungsprozesse, Zellteilung, Sinneswahrnehmungen, Sprechen, Begeisterung und Kreativität.

Besonders im Dickdarm, im Becken, in den Sinnesorganen und im Skelett herrscht dieses Prinzip vor und ist ab dem 45. Lebensjahr, in den Nachmittags-/Abendstunden zwischen 14 und 18 Uhr und in den Nacht-/Morgenstunden von 2 bis 6 Uhr sowie im Herbst stark ausgeprägt.

Ayurveda praktisch

Vata steht für »Trockenheit«, deshalb neigen ältere Menschen stärker zur Austrocknung der Haut. Hülsenfrüchte gehören zum Beispiel zu Vata, deshalb können zwei Teller Linsensuppe am Abend auch – durch das zunehmende Luftelement im Dickdarm – Blähungen verursachen. Sobald die Tage kürzer und kühler werden, sind würzige Suppen ideal, um dem Körper mehr Feuchtigkeit und wohlige Wärme zu liefern. Damit haben Husten, Schnupfen, Heiserkeit wenig Chancen.

Tafeln im Rhythmus der Tageszeiten

Es gibt kaum einen besseren Weg, um den Körper in der ausgewogenen Balance zu halten, als eine regelmäßige, an die Tages- und Jahreszeiten angepasste Ernährung. Grundsätzlich folgt unsere Verdauung dem Lauf der Sonne. Morgens und abends steht uns weniger Energie zur Verfügung, um die Mittagszeit hingegen ist richtig Feuer im Ofen, weil Agni tüchtig einheizt.

DREI ODER VIER JAHRESZEITEN?

Der Ayurveda dividiert das Jahr in drei Segmente, den Doshas und ihren Eigenschaften entsprechend. Unsere Unterteilung in Quartale basiert auf dem zwölf Monate umfassenden römischen Kalender und deckt sich nicht mit den ayurvedischen Phasen.

Doch unabhängig von solchen Systematiken formt die alles bestimmende zu- und abnehmende Sonnenkraft die Lebenszyklen auf unserem Planeten, und wir erleben im Laufe des Jahres Hitze und Kälte, Wachsen, Reifen und Vergehen und für den Organismus oft herausfordernde Phasen.

Die Rezepte ab Seite 82 berücksichtigen die jahreszeitlichen Empfehlungen des Ayurveda. Dennoch ist der Rezeptteil analog zu unseren vier Jahreszeiten gegliedert, weil es in diesem Buch nun mal stark ums Gärtnern geht und das Gartenjahr sowie die Saisonkalender in unseren Breiten entsprechend in Quartale aufgeteilt sind.

Am Morgen

… funktioniert die Verdauung äußerst träge und ist beeinträchtigt von der schweren Kapha-Energie. Insofern sollte morgens nur ein leichter und warm zubereiteter Snack eingenommen werden. Deshalb ist das bei uns weitverbreitete »gesunde« Frühstück aus Müsli, kalter Milch, Quark und O-Saft schlichtweg ein Super-GAU. Fast so, als ob man versucht, auf kleinster Flamme einen 500-Liter-Topf voll Eiswasser zum Kochen zu bringen: Das kann dauern! Sprichwörtlich erschwerend kommt hinzu, dass die Mischung aus Milch und Säure immer gerinnt. Kein Wunder also, dass morgens gegen 10 Uhr in Deutschland viele schon vorm PC wegdösen. Denn die gesamte Energie, die dem Körper eigentlich durch Nahrung für den Organismus zur Verfügung stehen sollte, ist mit der Käseproduktion im Magen vollauf beschäftigt.

Am Mittag

… wenn die Sonne im Zenit steht, wird der Stoffwechsel von der Pitta-Energie angefeuert und ist, dank Agni in Topform, für die Hauptmahlzeit bereit.

Am Abend

Nahrungsmittel, die am Abend kurz vor dem Schlafen verzehrt werden, kann der Körper nicht mehr vollständig verarbeiten: Abfallstoffe können sich ablagern. Deshalb sollte etwa drei bis vier Stunden vor dem Schlafengehen nichts mehr gegessen werden. Als Abendessen ist grundsätzlich eine leichte und warme Kost das

Richtige – eine Gemüsesuppe mit etwas Reis ist beispielsweise perfekt. Nahrungsmittel, die schwer verdaulich sind wie Käse, Milch, Joghurt, Brot und saure Speisen, sind um diese Zeit tabu.

Essen à la Ayurveda

WAS MACHT UNSERE NAHRUNG GESUND UND HEILSAM?

Die Ernährung hat im Ayurveda eine herausragende Bedeutung, denn sie wirkt sich unmittelbar auf unser körperliches und geistiges Wohlbefinden aus. Der Erfahrungsschatz des Ayurveda und der Wissensvorsprung gegenüber der modernen Ernährungslehre sind immens: 6000 Jahre Forschung und Praxis und mehrere Hundert Millionen Menschen als Probanden dieser Langzeitstudie stellen jede von Pharmakonzernen gesponserte Untersuchung in den Schatten.

Alles eine Frage des Dosha?

Prinzipiell spielt im Ayurveda die individuelle Konstitution des Menschen eine große Rolle – seine spezielle Dosha-Balance. Falls Sie diese aufgrund einer Ayurveda-Anamnese kennen, wissen Sie eh, worauf Sie besonders achten sollten. Diagnosen sollten nur von einem zertifizierten Ayurveda-Therapeuten erstellt werden. Eine Selbstdiagnose anhand von Dosha-Fragebögen ist meiner Meinung nach nicht möglich – hier wird meines Erachtens der individuelle Mensch nicht ansatzweise erfasst. Deshalb verzichte ich auch in diesem Buch darauf.
Ich halte es für sinnvoller, sich stattdessen einfach auf die Kernpunkte der ayurvedischen Ernährungslehre zu konzentrieren: leicht umsetzbar und gut verständlich.

Jenseits von Vitaminen & Co.

Wir wissen heute bis ins Detail, wie Ernährung funktioniert und Vitamine wirken. Eigenartig, dass trotzdem ein Großteil der Deutschen unter chronischer Verstopfung und Schlafstörungen leiden. Das rein theoretische Wissen hilft offenbar nicht weiter. Die moderne Ernährungslehre ist im Wesentlichen auf Nährstoffe, Vitamine und Kalorien fixiert.
Im Ayurveda ist jedoch eine Karotte nicht durch 124 Kalorien oder 0,5 Nährwert-Punkte definiert, sondern als ein Lebensmittel aus dem Geschenkkorb der Natur, für das wir Dankbarkeit und großen Respekt entwickeln sollten.
Durch eine sinnvolle Ernährungsumstellung à la Ayurveda lassen Krankheitssymptome – ganz ohne chemische Keule – offensichtlich und im gleichen Maße nach, wie sich das Wohlbefinden steigert.

Die Verdauung anfeuern

Grundregel Nr. 1: Das Verdauungsfeuer (Agni) darf nicht gelöscht werden, der Körper sollte maximal genährt und minimal belastet werden.
Eine funktionierende Verdauung ist essenziell, denn sie gewährleistet eine dauerhaft stabile Gesundheit und ein zufriede-

nes, ausgeglichenes Leben. Im Ayurveda repräsentiert der Feuergott Agni die Verdauungskraft symbolisch. Auch in unserem Sprachgebrauch steht das erloschene Lebensfeuer für den Tod: ohne Feuer keine Energie und kein Leben. In der katholischen Kirche brennt im Altarraum tagein, tagaus das ewige Licht: entzündet am Osterfeuer, das für das wiederauferstandene Leben steht.

Ich erinnere mich noch genau daran, dass ich als kleiner Junge ungeheuer stolz war, wenn mich mein Vater ein neues Licht anzünden ließ: ein sechsjähriger Knirps als Herrscher des Feuers. Vielleicht rührt daher meine Vorliebe fürs (Verdauungs-)Feuer?

Starkes Feuer, gute Gesundheit

… denn Agni heizt nicht nur im Magen, sondern auch im Geist ein, wo Eindrücke verdaut werden müssen, auf grobstofflicher und feinstofflicher Ebene. Deshalb gehören im Ayurveda der Darm und die Psyche dem gleichen System an. Egal, ob eine schwere Mahlzeit ewig unverdaut im Magen gärt oder ob es sich um ein ungelöstes Problem handelt: Beides ist auf Dauer ungesund und schädlich. Deshalb sollte Agni als Avatar des Feuers und Gott des Lebendigen geehrt und gewürdigt werden: Achten Sie auf ihn, damit es ihm – und Ihnen – immer gutgeht! Essen und würzen Sie also so, dass Magen und Darm nicht überfordert werden.

Dann kann Ihr Körper leicht alle wichtigen Nährstoffe aufnehmen und muss keine unnötige Energie an die Verdauung verschwenden.

Fürs tägliche Ritual

… hier ein paar praktische Tipps, die sich seit Jahrtausenden bewährt haben.

Wie viel ist genug?

Eine ayurvedische Empfehlung lautet, nur so viel zu essen, wie in die zu einer Schale zusammengelegten Handflächen passt. Diese Menge reicht völlig! Ein Erwachsener hat ein Magenvolumen von etwa 1,5 Litern. Ein Teil des Magens sollte frei bleiben, damit er arbeiten kann, ein Teil ist reserviert für feste Nahrung und ein Teil für flüssige Nahrung. Dies bedeutet konkret, dass man das Volumen von einem Liter für Essen und Getränke pro Mahlzeit niemals überschreiten sollte. Bei zweimal eiskaltem Weizenbier à 0,5 Liter wird es bereits ganz schön eng …

Trinken rund ums Essen

In den klassischen Schriften wird empfohlen, eine Stunde vor und bis zu einer Stunde nach dem Essen nichts zu trinken. Aus eigener Erfahrung kann ich sagen, dass es völlig okay ist, zum Essen ein Glas warmes Wasser, eine Tasse Tee oder mal ein Gläschen Rotwein zu trinken. Säfte sollten am besten mit Wasser gemischt, aber wie alle Kaltgetränke nicht zum Essen getrunken werden (siehe auch Seite 53).

Verträgliche Milch

… gilt im Ayurveda von jeher als hochwertiges Lebensmittel. Damit ist aber ausschließlich die Milch von Kühen, die vernünftig ernährt wurden, gemeint und nicht der homogenisierte Proteincocktail von gequälten Turbo-Milchkühen. Laktoseunverträglichkeit ist inzwischen eine weitverbreitete Lifestyle-Diagnose – ohne zum Tischgespräch passende Allergie ist man ein langweiliger Gast … Dabei liegt eine Unverträglichkeit meist gar nicht an der Laktose. Ayurveda empfiehlt grundsätzlich, Milch nie kalt zu trinken und sie mit Gewürzen wie Zimt, Kardamom oder Nelken aufzukochen. Milch sollte am besten allein konsumiert und mit keinen anderen Speisen kombiniert werden (Seite 61).

Weizen, Brot & Co.

Im Ayurveda gilt Weizen als äußerst hochwertiges Getreide und wird für seine nährenden Eigenschaften hoch geschätzt. Dazu muss allerdings gesagt werden, dass aus Genweizen maschinell geknetete Brötchen, Gebäck und Brot der Billig-Backfilialen von dieser Empfehlung ausgenommen sind. Vor 6000 Jahren gab es solche Diskussionen, Irrungen und Wirrungen ja noch nicht. Wie beim Kuhsaft ist ein hochwertiger, unbehandelter, ursprünglicher Weizen die Grundvoraussetzung für eine gesunde und vollwertige Ernährung. Ansonsten geht die Milchmädchenrechnung nicht auf … Weizen sollte möglichst abgelagert sein und warm gegessen werden. Am be-

kömmlichsten ist er frisch zubereitet in Form von kleinen Fladenbroten, den Chapatis. Ein einfacher Teig aus Mehl und etwas Wasser wird ausgerollt und in einer heißen Pfanne oder über dem offenen Feuer zubereitet (Seite 69). Weizen wird hierzulande meist, nach dem Backen erkaltet, in Form von Brot oder Brötchen konsumiert. Mal ganz abgesehen davon, dass wir Unmengen von mit Trieb- und Säuerungsmitteln versetztem Brot in uns hineinstopfen, bietet dies keinen Ersatz für eine vollwertige Mahlzeit. Derart konsumiert ist Weizen in der Tat schwer verdaulich und verklebt die Energie- und Verdauungskanäle wie Spachtelmasse ein Abflussrohr. Vielleicht helfen diese und die folgenden Informationen ja zu verstehen, warum das kalte Glas Milch am Morgen oder Abend mit einem Käsebrot kombiniert ernährungstechnisch betrachtet kein wirklicher Knaller ist beziehungsweise einer, der eher nach hinten losgeht.

Fleisch als Medizin

Aus ayurvedischer Sicht dient Fleisch als Stärkungsmittel, das in pharmazeutischen Dosen verabreicht wird. Die vielen Skandale haben gezeigt, dass Fleisch heute neben Protein jede Menge Antibiotika, Wachstumshormone und andere Chemikalien enthält … Mahlzeit! Ayurveda ist in erster Linie eine Therapiemethode: Wenn jemand unter massiver Auszehrung leidet, ist in Ausnahmefällen eine Hühnerbrühe oder ein Stück Fisch durchaus angemessen. Aber von siebenmal pro Woche und dreimal am Tag ist nichts notiert. Die Folgen unseres völlig pervertierten Fleischkonsums sind mittlerweile hinlänglich bekannt. In den alten Schriften finden sich zwar durchaus Abschnitte, die den maßvollen und situationsgerechten Verzehr von Tierfleisch gutheißen. Ansonsten ist dem allerdings nichts hinzuzufügen – besonders in unserer Kultur des »Geiz ist geil!« und »Mir das Meiste!«.

Bereits 2500 Jahre vor Christi Geburt fand eine deutlich ethisch orientierte Weiter-

entwicklung statt. Eigenartig, dass diese Einsicht – über 4500 Jahre später und eine China-Studie weiter – nicht bis zu Otto Normal und Max Mustermann durchgedrungen ist …

Die Grundregel Nr. 2 des Ayurveda lautet also, dass alle Menschen, die gewaltfrei leben möchten, sich vegetarisch ernähren sollten. Denn die Aggression des Tötens und Schlachtens geht auf das Fleisch über – und somit auf den Organismus dessen, der es verzehrt. Fußnote: Vergessen Sie das Märchen über Mangelerscheinungen!

Alkohol

In den alten Schriften des Ayurveda wird eine Menge von 50 Millilitern Alkohol pro Tag als unschädlich beschrieben. Eine Richtlinie, die ich gerne weitergebe und die vielleicht zu maßvollem, aber hochwertigem Genuss ohne Reue inspiriert.

Kaffee

… ist für mich persönlich ein Genussmittel und kein Getränk für den ständigen kleinen Kick oder gegen den großen Durst. Denn Kaffee fördert die (unerwünschte) Säurebildung, egal wie hochwertig die Bohne auch immer sein mag. Ich liebe und pflege das Ritual der guten Tasse Kaffee, vor allem aus meiner italienischen Maschine in unseren Wuppertaler Cafés. Deshalb an dieser Stelle ein wirklich guter Tipp: Kardamom! Dieses wertvolle Gewürz entsäuert und beruhigt den Magen. Einfach etwas Kardamompulver in den Kaffee geben oder après ein paar Samen zerkauen. Zudem erfrischt es den Atem und hilft gegen Erkältungen.

Qualität und Zubereitung

- Die Nahrung sollte hochwertig sein, wenn möglich aus dem direkten Umland, saisonal und ohne Zusatzstoffe.
- Am besten ist sie selbst gekocht, in liebevoller Atmosphäre zubereitet und mit einer respektvollen und dankbaren Haltung gegenüber den Mitteln, die uns die Natur zur Verfügung stellt.
- Die Mahlzeiten sollten stets warm gegessen werden. Dadurch wird die Verdauung angeregt und Agni, der Hüter von Feuer und Flamme, entlastet: Er muss dann keine Schwerstarbeit leisten.
- Allgemein sollte Nahrung immer eine befeuchtende Wirkung haben und mit hochwertigen Fetten wie Ghee, Olivenöl oder Sesamöl zubereitet werden. Die Speisen werden dadurch bekömmlicher, schmecken besser, stärken den Körper und stimulieren die Sinne.
- Ein Wort zum Thema Aufwärmen: Natürlich sollte die Nahrung möglichst frisch zubereitet sein, aber im Alltag ist dies nun mal nicht immer möglich. Ganz pragmatisch betrachtet und auf den Punkt gebracht: Bis heute ist noch niemand an einer aufgewärmten Suppe gestorben! Jedes mit Liebe gekochte Essen ist jedoch ohne Frage tausendmal besser als alles Konservierte aus dem Discounter. Punkt.

Ungünstige Kombinationen

Der Erfahrungsschatz des Ayurveda zeigt, dass manche Lebensmittelkombinationen sehr ungünstig sind, die Leitungsbahnen blockieren und das Blut verunreinigen.

- Besonders gilt dies – wie bereits angesprochen – für Milch: nie mit Saurem, Salzigem, mit Fleisch, Fisch, Knoblauch, Rettich, Granatäpfeln, Senf, Blattgemüse, Sesamsamen, Basilikum und Bananen kombinieren. Unproblematisch hingegen ist ein gemischtes Doppel mit reifen Mangos, Weintrauben, Honig, Ghee, Butter, Ingwer, Pfeffer, Reisflocken, Weizen und anderen Getreidesorten.
- Fleisch sollte nicht mit Honig, Sesam, Milch, Rettich und Sprossen gemeinsam verzehrt werden.
- Beim Verzehr von Fisch keine Bananen, Milch, Joghurt und Buttermilch ins Spiel bringen.
- Honig und Ghee sowie Honig und Wasser sollte nicht zu gleichen Anteilen konsumiert werden. Vor allem soll Honig nicht erhitzt werden, da er sonst schädlich wirken kann.

Gartenfrisch aufgetischt

NEBEN DEM **SUMMEN UND BRUMMEN**
DER BIENEN UND HUMMELN IST JETZT DRAUSSEN
AUCH WIEDER DAS KLIRREN VON GLÄSERN,
LACHEN DER KINDER UND KLAPPERN DER BESTECKE
UND GEDECKE ZU HÖREN: **TISCHEN SIE IM FREIEN AUF,**
WAS DIE JAHRESZEITEN VON DEN BÄUMEN,
STRÄUCHERN UND BEETEN ABWERFEN.
WIR LEBEN **IM GARTEN** AUF UND ERNÄHREN UNS
VON SEINEN VITALSTOFFREICHEN FRÜCHTEN –
DAS MUSS GEFEIERT WERDEN!

Stichwort Selbstversorgung

EIN STÜCK VERANTWORTUNG AM GROSSEN GANZEN

Der Begriff Selbstversorgung wird definiert als »weitgehend unabhängige Lebensführung oder Wirtschaftsweise hinsichtlich der Produktion von Nahrungsmitteln und Gebrauchsgütern«. Klingt erst mal nicht so sexy, eher nach viel Arbeit und noch mehr Diskussion. Aber etwas genauer und ohne Vorurteile betrachtet, steckt in diesem Ansatz eine ganze Menge Potenzial.

Der inzwischen hochpolitische Diskurs um Ernährung und Nahrung verliert nämlich genau dann den Sprengstoff, wenn wir die Versorgung mit Lebensmitteln nicht mehr ausschließlich anderen überlassen, sondern uns in die Nahrungs- und Produktionskette ein- und dabei kräftig mitmischen. Weg vom virtuellen Leben hin zu einem aktiven und sinnerfüllten Dasein: Das Leitmotiv der 70er »Do it yourself!« erlebt gerade eine Renaissance, die nicht zuletzt von den unzähligen Lebensmittelskandalen ausgelöst wurde. Die meisten von uns sind natürlich keine Totalaussteiger oder militanten Verweigerer. Ich schon gar nicht.

Weniger ist mehr

Es geht vielmehr darum, die gesamte angebotene und industriell produzierte Fülle aufs Wesentliche und wirklich Nahr-hafte zu reduzieren – der Rest ist Inspiration, Befreiung und Kreativität. Zudem bietet dieses Konzept jede Menge Nischen für sinnliches und soziales (Er-)Leben. Der Einkauf auf dem Wochenmarkt ist ein sprichwörtlich sinnvolles Erlebnis: sehen, schmecken, schnuppern – ein Fest der Düfte und Farben, das möglicherweise zum Highlight der Woche oder Einstieg in ein entspannendes Wochenende wird.

Do it yourself – und das am liebsten mit Freunden

Für die anschließende Zubereitung zu Hause empfehle ich, ein paar wirklich gute Freunde einzuladen, eine der Stimmung angemessene Playlist oder CD auszuwählen, ein Gläschen belebenden Kochwein – und sich selbst genügend Raum und Zeit für das sinnstiftende Procedere zu geben.

Vielleicht sogar das Brot und den Aufstrich für den »Gruß aus der Küche« vorab selber machen? Oder den Holundersirup für den Aperitif? Das Mehl ist selbst gemahlen und die Beeren eigenhändig gepflückt? Prima! Das bringt Gesprächsstoff in die Runde: garantiert! Alles bio, alles klar: Sie haben es in der Hand und sind der Produzent.

Tafelkultur 2.0 – bei Ihnen wird das Tischtuch neu ausgerollt …

Alles selbst gemacht

Wenn Sie Geschmack daran finden und ein echter Macher sind, dann setzen Sie Ihr Werk einfach im Garten, auf dem Fensterbrett oder im Kressebeet fort. Lassen Sie sich nicht von Ihren – auf den ersten Blick – eingeschränkten Möglichkeiten abhalten: Platz für Samen und Saaten, Sprossen und Pflanzen ist in der kleinsten Hütte. Entdecken Sie vielmehr Ihr Umfeld neu, tauschen Sie sich aus,

reaktivieren Sie den Schrebergarten, gründen Sie Gartenkommunen, und kultivieren Sie Freundschaften, die bunte Blüten treiben. Erfinden Sie sich und Ihre Spielräume neu – es lohnt sich, steigert die Lebensfreude und hält aktiv.

Der Mehrwert ist echter Nährwert, denn Glück multipliziert sich, indem es geteilt, verschenkt und gemeinsam bewirkt wird. Und dann: raus aus dem Garten und – endlich – rein in die Küche! Viva la vida: das Leben und die Jahreszeiten feiern!

WAS GIBT ES WANN?

FRISCH VOM ACKER AUF DEN TELLER

FRÜHLING

Was frisches Gemüse und Obst angeht, kommt einem das Frühjahr schon mal wie eine Durststrecke vor. Draußen beginnt das pralle Leben, alle grünt und blüht, doch es dauert noch ein bisschen, bis die ersten frischen Sachen kommen.

- Lagergemüse gibt es im Frühjahr immer noch in guter Qualität, auch wenn die Bestände an Äpfeln, Möhren, Kartoffeln, Roten Beten, Pastinaken, Zwiebeln und anderem langsam zur Neige gehen.
- Im Februar/März bringen der überwinterte Feldsalat, Spinat und Porree, aber auch Pflück-/Baby-Leaf-Salat, Postelein (Winterportulak) und Rucola erste heimische Frische auf den Teller.
- Ab März folgen dann, meist aus geschütztem Anbau, Stielmus (Rübstiel), erste Radieschen und Salate und ab April frische Kräuter und Kohlrabi.
- Ab Mitte/Ende April (je nach Region) gibt es die erste Ernte aus dem Freiland. Los geht's mit Salaten, Kräutern, Kohlrabi, Spinat, Radieschen etc. In dieser Zeit können auch viele Wildkräuter – wie Löwenzahn, Brennnessel, Giersch, Beinwell – gesammelt werden und bereichern die Salate oder lassen sich wie Spinat zubereiten.

- Ab Mai/Juni wird es dann nach und nach üppiger – mit Lauchzwiebeln, Mangold, Mairübchen & Co. Nicht zu vergessen: Es ist Spargel-, Erdbeer- und Rhabarberzeit! Holunderblüten, Tannenspitzen und Löwenzahnblüten lassen sich zu Gelée und Sirup verarbeiten.

SOMMER

Raus in den Garten und ran an die Beete! Mit ausreichend Zeit und Muße sind Sie ganz schnell im grünen Bereich.

- Es wird abwechslungsreicher: Im Juni kommen Kohlrabi, Fenchel, Zucchini, Gurken sowie erster Blumenkohl und Brokkoli hinzu. In manchen Gegenden gibt's schon die ersten Kartoffeln, Frühmöhren und Spitzkohl. Und die Beerenzeit beginnt!
- Der Juli macht dann richtig satt, alles will sich nun gleichzeitig präsentieren. Jetzt gibt es überall reichlich Zucchini, erste Zwiebeln, Möhren und Rote Beten, Kartoffeln, Bohnen und Erbsen – und alles, was es vorher bereits gab (auch im eigenen Garten, wenn man rechtzeitig neu ausgesät hat).
- Himbeeren, Johannisbeeren und Stachelbeeren wollen gepflückt und verarbeitet

werden, und zum Ende des Julis kommen dann erste Kläräpfel, Mirabellen und Pflaumen hinzu.

- Ende Juli bis Mitte August wird auf den Äckern das Getreide geerntet, und es beginnt wieder die Zeit der braunen Äcker.
- Der August bringt zudem die Zwiebel-Haupternte, es gibt die ersten Kürbisse, die Ernte der Kopfkohlsorten beginnt, Möhren und Lauch tauchen vermehrt auf, und bis September läuft die Lagerernte der Kartoffeln.

HERBST

Er ist die Zeit der letzten Frischefülle und der großen Lagerernten.

- Endivien und Radicchio bereichern die Salatpalette, Spinat und Mangold kommen zu herbstlicher Vollendung, und die Leistungskurve der Tomaten, Gurken und Zucchini neigt sich ihrem Ende zu. Im September werden die empfindlichen Kürbisse zur Lagerung eingefahren.

- Die Zwetschgen reifen, und es folgen bis in den Oktober Birnen und Äpfel.
- Spätestens vor den ersten stärkeren Frösten werden nun alle Wurzelgemüse wie Möhren, Rote Bete, Pastinaken, Petersilienwurzeln, Schwarzwurzeln sowie die Kopfkohlsorten, Steckrüben und Rettiche geerntet. Lauch, Wirsing und nach den ersten Frösten auch Grünkohl und Rosenkohl bereichern den Teller. Aus letztem Freilandanbau gibt es noch Feldsalat und Spinat, später kommen auch sie aus Gewächshäusern.

WINTER

Alles muss rein, was draußen noch reift und erntefähig ist.

- Neben Feldsalat und Postelein (Winterportulak) gibt es wenig frisches Heimisches. Letzte Winterkohlbestände werden beerntet (Wirsing, Rosen- und Grünkohl).
- Lagergemüse bestimmt nun den heimisch bekochten Teller.

Nützliche Grundrezepte

Ghee

Ghee ist pures Butterfett und gilt im Ayurveda als regenerierend, immunstärkend und entgiftend. Es gibt den Speisen einen besonderen, feinen Geschmack.
Weil es bei Zimmertemperatur mehrere Monate haltbar ist, lohnt es sich, gleich größere Mengen herzustellen.

Süßrahmbutter

Sieb mit Küchentuch oder Teefilter

Gläser mit Schraubverschluss, heiß ausgespült

1 Süßrahmbutter in einem großen Topf langsam schmelzen lassen. Die Butter etwas bewegen, damit sie nicht braun wird.

2 Wenn sie vollständig geschmolzen ist, die Butter einmal aufkochen lassen, bis sie schäumt. Dann auf niedrigste Temperatur zurückschalten und die Butter 30 bis 40 Minuten ohne Deckel ganz leicht köcheln lassen. Nicht umrühren!

3 Sobald sich die milchigen Teile goldgelb verfärbt haben und das Ghee so klar ist, dass man den Topfboden sehen kann: Das Ghee durch ein feines, mit einem Küchentuch ausgelegtes Sieb oder einen Teefilter in die sauberen Gläser abseihen und auskühlen lassen.

Gemüsebrühe

Sie taucht in vielen Rezepten als Zutat auf. Natürlich können Sie gekörnte Brühe verwenden – aber selbst gemachte Gemüsebrühe ist einfach besser! Und Sie können darin Ihre Gemüsereste verwerten, je nach Saison zum Beispiel die Strünke von Brokkoli und Blumenkohl oder Fenchelstiele.

2 Lauchstangen

1 Knollensellerie

4 Karotten

2 rote Zwiebeln

1 Bund Petersilie

8 Lorbeerblätter

5 l Wasser

2 EL Salz

1 Das Gemüse waschen, putzen und in Stücke schneiden. Die Petersilie waschen und fein hacken.

2 Alles im gesalzenen Wasser aufkochen, die Hitze reduzieren und bei mittlerer Hitze und offenem Deckel 2 bis 3 Stunden köcheln lassen.

 Es lohnt sich, die Gemüsebrühe auf Vorrat zu kochen und portionsweise einzufrieren.

Chapatis

Die Teigfladen dienen in Indien traditionell als Besteckersatz und werden zu fast allen Gerichten gereicht. Am besten immer frisch zubereiten und warm servieren! Sie passen wunderbar zu Suppen, Gemüsegerichten, Eintöpfen oder zu Dips und Aufstrichen.

400 g Mehl Type 1050

200 ml Wasser

2 EL Olivenöl

1 TL Salz

1 Aus den Zutaten einen geschmeidigen Teig kneten.

2 Mit einem Nudelholz ganz dünne, kreisrunde Fladen ausrollen. In einer heißen Pfanne ohne Fett von jeder Seite etwa 2 bis 3 Minuten backen.

GUT ZU WISSEN

MENGENANGABEN: Wenn nicht anders angegeben, sind alle Rezepte für vier Personen berechnet.

TL = Teelöffel, EL = Esslöffel

Was bedeuten die **BUTTONS?**

	ja	optional	nein
glutenfrei	*g*	*g*	*g*
laktosefrei	*l*	*l*	*l*
vegan	*v*	*v*	*v*

Alle Rezepte sind vegetarisch.

BACKEN: Da auch Backöfen Individuen sind, schauen Sie bitte in der Gebrauchsanweisung nach, auf welcher Einschubhöhe der Kuchen- oder Brottyp am besten gelingt. Und: In vielen, gerade älteren Öfen bleibt die Temperatur etwas niedriger als eingestellt. Wählen Sie sie ggf. 5 bis 10 Grad höher, als im Rezept angegeben.

BRATEN: Ghee und Sonnenblumenöl lassen sich gut erhitzen. Daher bieten sie sich zum Anbraten an. Bei Olivenöl darauf achten, dass das Fett nicht raucht und überhitzt wird.

Frühling

AUF EIN NEUES!

Frühling

lässt sein blaues Band …

… WIEDER FLATTERN DURCH DIE LÜFTE: **AUFBLÜHENDE FLOWER POWER,** VIELFALT UND FÜLLE, WOHIN DAS AUGE SCHAUT! MIT DEN MILDEREN TEMPERATUREN UND INTENSIVEREM SONNENSCHEIN TAUT DER BODEN AUF, DAS **LEBEN IM ERDREICH ERWACHT,** UND DER REIGEN DER JAHRESZEITEN BEGINNT VON VORN. DER FRÜHLING SCHLÄGT WURZELN, DIE JETZT DAS SPRIESSENDE LEBEN MIT WASSER UND NÄHRSTOFFEN VERSORGEN. DIE WÜRMER UND KÄFER VERLASSEN IHRE WINTERQUARTIERE UND KOKONS UND MACHEN SICH ANS WERK. UND AUCH SONST GEHT ES DRAUSSEN RICHTIG RUND: DIE VÖGEL BALZEN UND BAUEN IHRE NESTER, IN DEN BIENENSTÖCKEN BRUMMT DAS LEBEN – **DIE GESAMTE NATUR TREIBT BLÜTEN UND KNOSPEN,** PFLANZT SICH FORT UND ATMET TIEF AUF. WÄRME UND LICHT BRINGEN DIE ENERGIE ZURÜCK, DIE NUN AUCH FÜR DIE **GARTENARBEIT** BENÖTIGT WIRD!

Gärtnern im Frühjahr

JETZT GEHT'S LOS!

Frühjahrsputz auf Balkon und Terrasse

Die ersten milden Frühlingstage bieten sich an, um auf Balkon und Terrasse gründlich aufzuräumen, vertrockneten Blättern und Schmutz den Kehraus zu machen und ausrangierte Bierkästen, defekte Gartenmöbel und anderen störenden Fundus zu entsorgen. Außerdem gilt es, Platz zu schaffen für die Frischware vom Gärtner: neue, humusreiche Erde, in die ausreichend Mutterboden gemischt sein sollte (Seite 23), und Töpfe.

April, April: Zeit zum Ein- und Umtopfen

Jetzt ist die richtige Zeit zum Verpflanzen und Umtopfen, ehe sich die Wurzelballen vergrößern und dann leichter beschädigt werden können.

- Beim Befüllen neuer Pflanzgefäße – wie Töpfe, Schalen und Balkonkästen – über die Bodenlöcher Tonscherben oder Steine legen, damit das Wasser zwar ablaufen kann, dabei aber nicht zu viel Erde mitnimmt. In großen Gefäßen kann eine komplette Kiesel- oder Blähtonschicht als Drainage unten in den Topf gegeben werden.
- Der Topf sollte dann etwa zu einem Drittel mit Erde gefüllt werden. Nun können die Pflanzen eingesetzt und der Topf mit Erde aufgefüllt, diese angedrückt und kräftig gegossen werden. Stark verfilzte Wurzelballen mit den Fingern etwas anreißen: Das fördert die Wurzelneubildung.
- Die Erde nur bis auf 2 bis 5 cm unterhalb des Gefäßrands auffüllen. So kann ausreichend Wasser angegossen werden und einsickern, ohne überzulaufen.
- Die mehrjährigen Kübelpflanzen brauchen in dieser Phase generell wieder mehr Wasser und eventuell Dünger.

Zarte Pflänzchen vorziehen

Für die empfindlichen Sommerblüher und Gemüsejungpflanzen ist der richtige Zeitpunkt der Aussaat gekommen, um sie auf einer möglichst sonnenbeschienenen Fensterbank vorzuziehen.

- Beim Gärtner Aussaaterde besorgen und in kleine Aussaatschalen oder Anzuchttöpfchen füllen. Die Samen verteilen und die Tütchen an der Schale befestigen, damit Sie später noch wissen, was da in welchem Töpfchen keimt.
- Mithilfe einer Sprühflasche oder kleinen Gießkanne mit Brause abschließend die Erde befeuchten.
- Die Schalen mit lichtdurchlässiger Folie oder dafür vorgesehenen Hauben abdecken, um ein wachstumsförderndes Treibhausklima zu erzeugen.

Auch im Garten läuft alles inzwischen auf Hochtouren

- Letzte Wintergemüse wie Feldsalat, überwinterter Lauch und Grünkohl können geerntet werden, um für neue Kulturen Platz zu machen.
- Hochgefrorene Pflanzen in den Beeten wieder vorsichtig andrücken und mit Erde bedecken.
- Die Erde in den Beeten, die für die Nutzpflanzen angelegt werden, umgraben oder auflockern und glatt harken sowie gegebenenfalls von Steinen und Unkraut befreien.
- Robustere ein- und zweijährige Pflanzen können, wenn keine Frostgefahr mehr besteht, direkt in die Beete gesät beziehungsweise gepflanzt werden, sollten aber in kühlen Phasen noch mit einem dünnen Vlies bedeckt werden, das wärmt und vor Verdunstung schützt.
- Falls es im Herbst noch nicht erledigt wurde, sollte Kompost in die Beete eingebracht werden.
- Mehrjährige robuste Kräuter wie die mediterranen Sorten Rosmarin, Lavendel und Salbei brauchen im April einen Rückschnitt. Die vertrockneten Pflanzenteile anderer Stauden können ebenfalls zurückgeschnitten werden. Die Stauden sollten jedoch, solange es noch kalt ist, mit Tannenzweigen oder Ähnlichem geschützt werden.
- Reparaturen durchführen, Gartengeräte einsatzfähig machen, Bestände nachfüllen … Die To-do-Liste des Gärtners ist im Frühling ellenlang.

Kräuter am Balkon

FRISCH EINGETOPFT!

Auf der Fensterbank, dem Balkon oder der Terrasse können Sie jetzt bereits auf engstem Raum einen kleinen oder auch großen, in jedem Fall vielfältigen Kräutergarten anlegen (siehe auch Seite 259). Generell gilt: Nie ganz abernten, damit die Pflanzen weiterwachsen können und lange Zeit frische Blätter liefern!

Heimische Kräuter

Robustere und leichtwüchsige Küchenkräuter sind zum Beispiel Dill, Liebstöckel, Petersilie, Schnittlauch. Sie bevorzugen normale, reichhaltige Erde, brauchen regelmäßig Wasser, gedeihen auch im Garten an einem halbschattigen Ort und können den ganzen Sommer über beerntet werden.

- Liebstöckel kann einen festen Platz im standorttreuen Kräuterstauden-Beet erhalten, da er mehrjährig ist.
- Petersilie, Schnittlauch und Dill können ab Ende März in geschützter (Fensterbank-)Anzucht selbst ausgesät werden. Ab Ende April ist es dann möglich, sie ins Freiland beziehungsweise in Töpfe oder Balkonkästen auszupflanzen.
- Dill sollte – wenn er regelmäßig gebraucht wird – in Abständen von vier Wochen neu gesät und gepflanzt werden, da er irgendwann zu blühen beginnt und dann abstirbt.

- Schnittlauch und Petersilie blühen erst nach überstandenem Winter und können bei guter Pflege den ganzen Sommer über beerntet werden.
- Teekräuter wie Zitronenmelisse und verschiedene Minzsorten runden den heimischen Kräutergarten ab und lassen sich auch gut in Töpfen kultivieren. Minze ist sehr verbreitungsfreudig, deshalb sollte man ihr genügend Raum bieten oder ihren Platz durch eine Wurzelsperre eingrenzen.

Mediterrane Kräuter

Sie lieben naturgemäß die Wärme und sind an kargere Verhältnisse gewöhnt als unsere hiesigen Kräuter.

- Basilikum und Sommer-Bohnenkraut sind einjährig, können im Haus vorgezogen und ab Mitte Mai an einen warmen, geschützten Standort auf Balkon oder Fensterbank ausgepflanzt werden.
- Lavendel, Majoran, Rosmarin, Salbei, Thymian & Co. sind mehrjährige Halbsträucher und gedeihen am besten an sonnigen, somit warmen Standorten auf dem Balkon, der Terrasse oder auch im Garten. Sie bevorzugen eher magere und auch steinige Erde, die zwischendurch trocken werden darf, und brauchen genug Platz, da sie mehrere Jahre am gleichen Standort wachsen.

Saisonkalender: Frühling

ENDE MÄRZ BIS ENDE JUNI

Heimische Gemüse und Früchte der Saison –
wann es was aus dem Freiland gibt, kann je nach Gegend sehr variieren

SALAT:	Frisch vom Freiland	Noch aus Überwinterungsanbau	Noch aus dem Lager
Kopf-, Eichblatt-, Batavia-, Friséesalat u. a. (bis Mitte April noch aus dem Gewächshaus)	✖		
Feldsalat (bis Ende März)	✖		
Chicorée (bis April)	✖		
Postelein/Winterportulak (bis Ende März)	✖		
Rucola	✖		
KRÄUTER:			
Bärlauch (bis zur Blüte), Dill, Kresse, Petersilie, Sauerampfer, Schnittlauch	✖		
GEMÜSE:			
Gurke (ab Mai aus Gewächshaus)	✖		
Fenchel (ab Mai)	✖		
Kohlrabi	✖		
Lauchzwiebel	✖		
Mangold (ab Mai)	✖		
Rübstiel/Stielmus	✖		
Radieschen	✖		
Rhabarber	✖		
Spargel	✖		

GEMÜSE:	Frisch vom Freiland	Noch aus Überwinterungsanbau	Noch aus dem Lager
Spinat	✖		
Zucchini (ab Mai)	✖		
Grünkohl		✖	
Porree/Lauch		✖	
Rosenkohl		✖	
Wirsing		✖	
Chinakohl			✖
Kartoffel			✖
Knoblauch			✖
Kohl			✖
Kürbis			✖
Möhre			✖
Pastinake			✖
Petersilienwurzel			✖
Rettich			✖
Rote Bete			✖
Sellerie			✖
Steckrübe			✖
Zwiebel			✖
OBST:			
Apfel			✖
Birne			✖

Inspired by nature

FRÜHLINGSIDEEN ZUM SELBERMACHEN

Samenbomben »Flower Power«

… als gezielte Maßnahme, um via Guerilla Gardening mehr Leben zwischen den Asphalt der Städte zu bringen: »Colour your life!« Zunächst müssen Sie eine Auswahl treffen, was die handliche Saatenbombe an Sprengstoff enthalten soll, zum Beispiel Sonnenblume, Bechermalven, Wicken, Tagetes, Korn- oder Ringelblume. Einheimische Pflanzen garantieren den Erfolg der floralen Attacke.

1 1 Teil Samen + 5 Teile Erde-Kompost-Gemisch + 5 Teile Tonpulver miteinander mischen.

2 Mit wenig Wasser befeuchten, sodass die Masse gut bindet und knetbar ist.

3 Zu Kugeln in Ping-Pong-Ball-Größe formen und in der Sonne trocknen lassen.

4 In Tütchen verpacken und zum Beispiel zum Osterfest verschenken.

TIPP

Kinder an die Macht! Lassen Sie Ihre kleinen Gäste ran ans Kneten – und dann die Samenbomben abfeuern: Das bringt Spaß und Stimmung ins Spiel.

Eierschalen-Kressegarten »Hasenweide«

Ganz einfach: Die Hälften von Eierschalen ausspülen und darin vorgezüchtete Kresse einsetzen. Alternativ:

1 Wattebausch in eine ausgespülte Eierschale geben, gut anfeuchten, 1 TL Kressesamen einstreuen.

2 Auf eine sonnige Fensterbank oder an einen anderen warmen Ort stellen. Nach etwa drei Tagen sprießt die Kresse.

3 In hübschen Eierbechern auf dem Buffet oder dem Esstisch zwischen die Speisen platzieren.

Come on, springtime, light my fire!

DIE KURZEN UND KALTEN TAGE SIND GEZÄHLT …

Der Sonnengott übernimmt das Zepter

Kein Stein bleibt auf dem anderen – das Frühjahr ist eine Phase des Aufbruchs und Übergangs. Der Sonnenlauf bestimmt die Veränderung: Die Tage werden länger und heller, das Licht wird intensiver. Das Himmelsfeuer, das Sonnengott Agni nun kräftig anheizt, brennt bis in die kleinste Zelle jedes Lebewesens und beschleunigt den gesamten Organismus der Natur.

Was im großen Maßstab gilt, ist auch im Kleinen Gesetz: Die dem Körper von außen zugeführte Energie ist an den wandernden Sonnenstand über den Tag hinweg adaptiert. Daher ist die Verdauungskraft am höchsten, wenn die Mittagssonne das innere Feuer – und damit die Gesamtleistung des Organismus – spürbar verstärkt.

Die Pitta-Zeit beginnt

Die Energie des stabilisierenden und eher statischen Kapha (Seite 53), die vom Spätherbst bis in die erste Frühlingsphase hineinwirkt, baut jetzt ab und geht allmählich in die Hitze des Pitta (Seite 53) über. Stagnation und Starre transformieren sich zu Wachstum und Wandel.

Der Frühling bringt frische vitaminreiche Kost aus regionalem Anbau auf den Speiseplan, die Gerichte und Rezepturen werden leichter. Eine höhere Kalorienzufuhr wie während der lichtärmeren Kapha-Periode ist nun nicht mehr nötig, da dem Körper ja per Solarkraft zusätzliche Power zur Verfügung steht.

Auf dem Zenit des Frühlings steht uns das Osterfest ins Haus: Laden Sie Ihre Freunde und Familienbande doch mal zu einem frühlingsfrischen Brunch à la Ayurveda in Ihr gemütliches Nest ein! Rezeptinspirationen finden Sie auf den folgende Seiten.

Das Osterfest: Es werde Licht!

Ostern, einer der höchsten kirchlichen Feiertage, fällt auf den ersten Sonntag nach dem Frühlingsvollmond und wird insofern über den lunaren Kalender bestimmt. Der Name des christlichen Auferstehungsfestes ist altgermanischen Ursprungs, möglicherweise von dem Wort Austro für die Morgenröte (Aurora) und die Himmelsrichtung Osten abgeleitet. Vor der Christianisierung scheint es der Name für ein Frühlingsfest und eine

heiliges Lebensprinzip – der ursprüngliche Grund, Frühlingsfeste mit zahlreichen Bräuchen und Ritualen zu feiern.
Der Scheitelpunkt des Frühlings markiert die Tagundnachtgleiche am 20. oder 21. März. Ein wahrhaftiger Anlass zum Feiern: Die Tage werden wieder länger, und die Natur erwacht unter dem Einfluss der stärker werdenden Sonne.

Symbole und Bräuche

Die Symbole des frühlingshaften Feiertags mit heidnischen Wurzeln sind das Osterei, das Osterlamm und der Osterhase: Sie verkörpern Fruchtbarkeit und neues Leben. In der christlichen Tradition wird zu Beginn der Ostermesse ein Feuer entfacht: das Osterfeuer. Nachdem sich die Gemeinde darum versammelt hat, wird daran die Osterkerze entzündet, die nach der Segnung in den dunklen Altarraum getragen wird. Die brennende Kerze versinnbildlicht Jesus Christus als Licht der Welt: Die Gläubigen folgen dem Gekreuzigten auf dem Weg vom Tod ins Leben – von der Dunkelheit ins Licht. Im Osterfeuer werden oft die Reste geweihter Öle verbrannt, die im Vorjahr in Zeremonien eingesetzt wurden.

Das Osterlamm ist Bestandteil der christlichen Tradition, das aus dem Ritual der Juden hervorgeht, zum Passahfest ein Lamm zu schlachten, Gott zu opfern und zu verspeisen. Die christliche Kirche hat die Symbolik des »Lamm Gottes« aufgegriffen: Jesus, das Lamm Gottes, opfert sich und nimmt damit die Sünden der Welt hinweg. Das weiße Fell des Lamms steht zudem für Reinheit und Frieden.

heidnische Frühlings- und Lichtgöttin gewesen zu sein.
Die aufgehende Sonne gilt im Christentum als Symbol für den wiederauferstandenen Sohn Gottes – dem Licht- und Heilbringer der Welt. Viele vorchristliche Religionen und heidnische Kulte verehren die Sonne als göttliche Lichtquelle und

Den Frühling feiern:

Brunchen & Lunchen

DER FRÜHLING KOMMT UND BRINGT **LICHT UND LEICHTIGKEIT**
INS LEBEN SOWIE AUF DEN SPEISEPLAN.
VITALSTOFFE SIND NACH DER LANGEN DURSTSTRECKE DES
WINTERS DAS »AH!« UND »OH!« DER ERNÄHRUNG.
DRAUSSEN IM GARTEN WÄCHST, WAS DER KÖRPER JETZT
BRAUCHT: **VITAMINREICHE KRÄUTER,** DIE DEN ORGANISMUS
ENTSCHLACKEN UND AUF VORDERMANN BRINGEN.
ALLES NEU MACHT DER MAI – UND GRÜN IST NUN MAL DIE
HOFFNUNG, DIE DIE ERSTEN SONNENSTRAHLEN
MIT SICH BRINGEN: **AUF EIN NEUES!**

Ready for Brunch:
Frisches fürs Buffet

ALLES SELBST GEMACHT!

Das fängt ja gut an: Planter's Punch!

Diese alkoholfreie Variante des »Pflanzer-Punschs« ist der allerbeste Anfang,
um mit Freunden das Glas auf den Beginn einer neuen Ära,
auf eine neue Lebensphase, ein neues Lebensjahr oder ganz einfach
auf den Start in den Frühling zu erheben. Wohlsein!

2 TL Tamarindenpaste

1 EL Rosenwasser

2 EL Agavendicksaft

1 l warmes Wasser

5 Zweige Minze (jede Minzart
ist geeignet)

3 Zweige Zitronenmelisse

1 Die Tamarindenpaste, das Rosenwasser und den Agavendicksaft kräftig im Wasser aufrühren.

2 Dann mit den Kräutern in eine Karaffe füllen und etwas durchziehen lassen.

TIPP

Tamarindenpaste ist das Fruchtmark der bohnen-ähnlichen Tamarindenschote. Ebenso wie Rosenwasser kann man sie im Asia-Laden oder zum Beispiel bei cosmoveda.de kaufen.

Bärlauch-Maismehlbrot mit grünem und weißem Spargel

200 g Maismehl

80 g Weizenmehl Type 1050

1 TL Salz

2 EL Rohrzucker

1 TL Natron

2 EL Ghee

2 Eier

150 ml Buttermilch

1 Bund frischer Bärlauch

je 2 Stangen grüner und weißer Spargel

etwas Ghee für die Backform

1 Den Ofen auf 220 Grad vorheizen. Mehl, Salz, Zucker und Natron in einer Schüssel vermischen.

2 Das Ghee in einem Topf zerlassen und vom Herd nehmen. Zusammen mit den Eiern und der Buttermilch kräftig aufrühren und dann mit der Mehlmischung verrühren.

3 Den Bärlauch waschen und grob hacken. Den weißen Spargel schälen und über die grobe Seite einer Küchenreibe bis oberhalb der holzigen Enden raspeln.

4 Den Bärlauch und Spargelraspel zur Mischung hinzufügen und alles zu einem geschmeidigen Teig verkneten.

5 Den Teig in eine gefettete Kastenform geben und in 25 bis 30 Minuten goldbraun backen.

TIPP

Wenn Sie es besonders kross lieben, backen Sie das Brot auf der oberen Schiene 10 Minuten mit größerer Hitze an (240 Grad), reduzieren dann die Hitze, stellen das Brot auf die mittlere Schiene und backen es wie angegeben fertig.
Auch das macht die Kruste kross: Stellen Sie eine Tasse mit Wasser auf den Boden des Backofens.

Deftiges Estragon-Majoran-Kartoffelbrot

250 g mehligkochende Kartoffeln

150 ml Buttermilch

½ Würfel Frischhefe

2 EL Ahornsirup

450 g Weizenmehl Type 550

½ TL gemahlener Muskat

1 EL getrockneter Majoran
(oder 1 EL gehackte frische Blätter)

2 EL getrockneter Estragon
(oder 1 EL gehackte frische Blätter)

2 Eier

1 EL Salz

1 Die Kartoffeln kochen, pellen und durch eine Presse drücken.

2 Die Buttermilch erwärmen und zusammen mit der Hefe, dem Ahornsirup und 100 g Mehl aufrühren. Den Vorteig abgedeckt ca. 15 Minuten gehen lassen.

3 Die restlichen Zutaten untermischen, kräftig verkneten, zu einer Teigkugel formen und abgedeckt an einem warmen Ort eine Stunde ruhen lassen.

4 Den Teig nochmals durchkneten, auf ein mit Backpapier ausgelegtes Backblech legen, mit Mehl bestäuben und abgedeckt noch mal 30 Minuten gehen lassen.

5 Den Ofen auf 230 Grad (Ober-/Unterhitze) vorheizen.

6 Den Laib rautenförmig einschneiden, in den Ofen schieben und 30 Minuten backen. Danach die Hitze auf 200 Grad reduzieren und innerhalb von weiteren 30 Minuten fertig backen.

Rosenblüten-Erdbeer-Marmelade

500 g reife Erdbeeren

8 Handvoll frische, ungespritzte Rosenblüten

Saft von einer Zitrone

150 ml Wasser

300 g Gelierzucker (1:1)

4 Einmachgläser à 250 ml, heiß ausgespült

1 Die Erbeeren waschen, vom Stielansatz befreien und fein würfeln. Erdbeeren, Rosenblüten, Zitronensaft und Wasser in einen Topf geben, kurz aufkochen und danach für 10 Minuten auf mittlerer Hitze köcheln lassen.

2 Dann die Masse durch ein feines Sieb in einen weiteren Topf streichen. Den Gelierzucker unterrühren und für 5 Minuten unter gelegentlichem Rühren sprudelnd kochen lassen.

3 Das Gelee noch heiß in die vorbereiteten Einmachgläser randvoll abfüllen, die Gläser fest verschließen und zum Auskühlen auf den Kopf stellen. Wenn sie abgekühlt sind, mit Marmeladensorte und Datum beschriften.

TIPP

Statt Erdbeeren eignen sich auch Kirschen oder Johannisbeeren. Weitere Marmeladenrezepte finden Sie auf Seite 164, 207 und 245.

Canapées mit Tomaten-Rettich-Belag

3 saftige Tomaten, ca. 500 g

1 Bund Lauchzwiebeln

2 EL Olivenöl

20 Blättchen Basilikum

4 Scheiben Kartoffelbrot (Seite 87) oder Ciabatta-Brot

1 kleiner Rettich, ca. 300 g

100 g frisch geriebener Parmesan

Salz und Pfeffer aus der Mühle

1 Die Tomaten waschen, entkernen und grob hacken. Die Lauchzwiebeln waschen und in feine Ringe schneiden.

2 Das Olivenöl in einer Pfanne erhitzen, die Lauchzwiebeln darin glasig dünsten, dann für etwa zwei Minuten die Tomatenstücke zugeben.

3 Das Basilikum grob hacken. Die Brotscheiben vierteln. Die Tomaten auf den Brotscheiben verteilen, den Rettich mit der groben Seite der Gemüsereibe direkt darüberreiben, mit Basilikum und Parmesan bestreuen. Abschließend die Canapées etwas salzen und pfeffern.

Statt Rettich können Sie Zucchini nehmen, Minze statt Basilikum und Ziegenfeta statt Parmesan.

Das Foto zeigt auf der Etagère unten das nächste Rezept: den Brotaufstrich mit Buschbohnen und Ricotta.

Brotaufstrich mit Buschbohnen und Ricotta

300 g Buschbohnen

1 rote Zwiebel

5 EL Olivenöl

100 ml Gemüsebrühe (Seite 68)

250 g Ricotta

2 TL frische gemahlene rosa Pfefferbeeren

½ TL Salz

1 EL frisch gehacktes Fenchelgrün (das feine Kraut an der Fenchelknolle, das wie Dill aussieht); alternativ 1 EL frisch gehackter Dill

Blättchen von je 2 Zweigen Thymian und Bohnenkraut

20 Blättchen Minze

4 Brotscheiben

1 Die Bohnen waschen und die Enden abschneiden. Die Zwiebel abziehen und in feine Würfel schneiden.

2 2 EL Öl in einer Pfanne erhitzen, die Zwiebel darin glasig dünsten. Bohnen und Gemüsebrühe dazugeben. Die Bohnen bei geschlossenem Deckel in 8 bis 12 Minuten bissfest garen, danach abgießen und abschrecken.

3 Den Ricotta mit 3 EL Öl, dem rosa Pfeffer, Salz und allen Kräutern – bis auf die Minze – vermischen. Die Minzblätter grob hacken oder zupfen. Den Ricotta auf die halbierten Brotscheiben streichen, die Bohnen darauf verteilen und mit der Minze bestreuen.

TIPP

Wenn Sie das »Wilde Grünzeug« (rechts) in der freien Wildbahn sammeln wollen, sollten Sie das fernab von Straßen und gespritzten Äckern tun und Hunde-Gassistrecken meiden. Bei Unsicherheiten immer ein Bestimmungsbuch zurate ziehen oder bei einem Experten zum Beispiel während einer geführten Wildkräutersammlung Auskunft einholen.

Wildes Grünzeug
mit Bärlauch-Dressing

FÜR DEN SALAT:

je 150 g Brunnenkresse,
Portulak, Löwenzahn, Giersch
und Sauerampfer

ein paar Hornveilchen und
Gänseblümchen zum Dekorieren

FÜR DAS DRESSING:

20 Blätter frischer Bärlauch

½ TL Amchur (grünes Mangopulver)

150 ml Wasser

2 EL Honig (oder Agavendicksaft)

150 ml Olivenöl

100 ml Leinöl

Salz und Pfeffer zum
Abschmecken

1 Von der Brunnenkresse die Stängel entfernen, den Portulak verlesen und beim Löwenzahn die dickeren Stiele entfernen. Dann alles gut waschen und trockenschleudern.

2 Den Giersch und den Sauerampfer waschen und in Stücke zupfen. Das ganze Grünzeug in einer Schüssel mischen.

3 Für das Dressing den Bärlauch waschen, trockenschleudern, die Stiele entfernen und die Blätter grob hacken. Den Amchur im Wasser auflösen. Alle Zutaten in ein hohes Gefäß geben und mit einem Pürierstab zu einer sämigen Masse pürieren.

4 Den Salat mit dem Dressing beträufeln, alles gut mischen und dann mit den Blüten dekorieren.

TIPP

Amchur schmeckt säuerlich-frisch, ähnlich wie Zitrone. Sie können es im Internet beziehen, zum Beispiel unter cosmoveda.de

Ideen für mehr frühlingsfrische Dressings, die auch gut zum Wilden Grünzeug passen, finden Sie auf Seite 98/99.

Grün-weißer Spargelsalat
mit Zitronenmelisse

Je 6 Stangen grüner und
weißer Spargel

2 l Wasser

1 TL Salz

1 TL Zitronensaft

FÜR DAS DRESSING:

50 ml Olivenöl

100 ml Gemüsebrühe (Seite 68)

Saft von 1 Orange

2 TL gemahlene rosa Pfefferbeeren

Salz und Pfeffer aus der Mühle
zum Abschmecken

Blätter von 3 Zweigen
Zitronenmelisse

1 Den weißen Spargel schälen und die Enden abschneiden, beim grünen Spargel nur die holzigen Enden abschneiden. Alle Stangen in mundgerechte Stücke schneiden.

2 Das Wasser in einem Topf zum Kochen bringen, das Salz und den Zitronensaft zugeben. Nun den weißen Spargel insgesamt innerhalb von 15 bis 20 Minuten leicht bissfest garen, kurz vor Schluss den grünen Spargel zugeben. Anschließend den Spargel abgießen und in kaltem Wasser abschrecken.

3 Für das Dressing alle Zutaten (bis auf die Zitronenmelisse) kräftig miteinander verrühren, leicht salzen, pfeffern und über den Spargel gießen.

4 Die Zitronenmelisse grob hacken. Zum Servieren den Spargel zum Beispiel in kleine Weckgläser füllen und mit der Melisse bestreuen.

TIPP

Anstelle von Spargel können auch grüne Bohnen verwendet werden. Anstelle von Zitronenmelisse einfach etwas frisches Bohnenkraut nehmen.

Springrolls mit Topping:
Spinat-Feta-Reispapierröllchen

FÜR DIE SPRINGROLLS:

10 Reispapierblätter (aus dem Asia-Laden)

100 g Baby-Spinat

1 Karotte

Blätter von je 5 Zweigen Minze und Basilikum

50 g Pinienkerne

100 g Ziegenfetakäse

FÜR DAS TOPPING:

siehe die verschiedenen Dressings auf den nächsten Seiten

1 Die Reispapierblätter etwa eine Minute lang in einer Schale mit kaltem Wasser einweichen. Dann herausnehmen und abtropfen lassen.

2 Den Spinat waschen und trockenschleudern. Die Karotte grob reiben. Die Kräuter grob hacken.

3 Die Pinienkerne in einer Pfanne ohne Fett rundum anrösten. Eines der Dressings auf den nächsten Seiten zubereiten.

4 Den Ziegenkäse in eine Schüssel bröseln, alle Zutaten und das Dressing untermischen. Die Mischung gleichmäßig auf die Reispapierblätter verteilen und diese zu kleinen Päckchen einschlagen.

Die Toppings (Seite 98/99) sind hier das i-Tüpfelchen und lassen sich auf tausendundeine Weise variieren – mal scharf oder pikant, mal würzig oder mild-cremig … je nach Dosha, Anlass und Tagesverfassung!

Toppings zu den Springrolls

Kräuter-Vinaigrette

2 EL gehackte Mandeln

1 kleine rote Zwiebel

Blätter von je 8 Zweigen Petersilie und Basilikum

150 ml Olivenöl

Saft von ½ Limette

1 EL Waldhonig

Salz und Pfeffer

1 Die Mandeln in einer Pfanne ohne Fett anrösten. Alle Zutaten sämig pürieren und mit Salz und Pfeffer abschmecken.

Dill-Joghurt-Creme

1 Bund Dill

250 g Joghurt 10 % Fett

½ TL Amchur (grünes Mangopulver)

½ TL Salz

2 TL zerstoßene rosa Pfefferbeeren

2 EL OLivenöl

Salz und Pfeffer

1 Den Dill waschen und fein hacken. Alle Zutaten zu einer cremigen Masse verrühren, mit Salz und Pfeffer abschmecken.

Ziegenfrischkäse-Zitronenmelisse-Dressing

150 g Ziegenfrischkäse

5 EL Olivenöl

Blättchen von 3 Stielen Zitronenmelisse

2 EL Joghurt 3,5 % Fett

100 g Schlagsahne

Salz und Pfeffer

1 Ziegenfrischkäse mit Olivenöl, Zitronenmelisse und Joghurt in ein hohes Gefäß geben.

2 Die Sahne kurz aufkochen, dazugeben und die Masse glattmixen. Mit Salz und Pfeffer kräftig abschmecken.

 Alle diese Dressings passen natürlich ebenso zu Feldsalat, Rucola und warmen gebackenen Salatherzen.

Bohnenkraut-Chili-Dressing

Blätter von 4 Stielen Bohnenkraut

1 kleine grüne Chilischote

3 EL süßer Balsamico-Essig

1 TL Agavendicksaft

1 EL süßer Senf

100 ml Olivenöl

Salz und Pfeffer

1 Die Bohnenkrautblätter sowie die Chilischote fein hacken.

2 Die restlichen Zutaten in eine Schüssel geben und mit einem Schneebesen aufschlagen, zum Schluss Bohnenkraut und Chilischote untermischen. Mit Salz und Pfeffer abschmecken.

Frankfurter Grüne-Sauce-Äbbelwoi-Dressing

Hier noch ein Spezial-Dressing als Tribut an meine Heimat Hessen.
Die original Frankfurter Grüne Sauce besteht traditionell aus den heimischen Kräutern Borretsch, Kerbel, Kresse, Schnittlauch, Sauerampfer, Pimpernelle und Petersilie – das muss man für dieses Dressing aber nicht so eng sehen …

1 kleiner Bund gemischte Kräuter

1 EL geröstete Mandelplättchen

150 ml Apfelwein

1 EL Honig

100 ml Olivenöl

1 TL Dijon Senf

Salz und Pfeffer zum Abschmecken

1 Die Kräuter waschen und grob vorhacken. Die Mandelblättchen anrösten.

2 Anschließend alle Zutaten in ein hohes Gefäß geben und mit dem Pürierstab zu einer sämigen Masse pürieren.

Leichte warme Gerichte

FRÜHLINGSFRISCH AUF DEN GARTENTISCH

Frühlings-Soufflé

FÜR 8 AUFLAUFFÖRMCHEN
à 150 ml:

Blättchen von je 2 Zweigen Kerbel und Estragon

20 Blättchen Basilikum

Blättchen von 6 Zweigen Petersilie

200 g Ziegenfetakäse

80 g Butter
plus etwas Butter für die Förmchen

80 g Mehl

500 ml Milch

3 Messerspitzen Muskatpulver

½ TL rosenscharfes Paprikapulver

½ TL grob gemahlenen Pfeffer

½ TL Salz

6 Eigelbe

6 Eiweiße

etwas Olivenöl

1 Die frischen Kräuter grob hacken. Den Fetakäse in eine Schüssel bröckeln.

2 Die Auflaufförmchen mit etwas Butter einfetten.

3 80 g Butter in einem Topf zerlassen, das Mehl zufügen und unter Rühren leicht anbräunen lassen. Die Milch, das Muskat- und Paprikapulver, den Pfeffer und das Salz zufügen und dann mit einem Schneebesen kräftig unterschlagen, damit die Sauce nicht klumpt.

4 Wenn die Sauce einzudicken beginnt, den Topf vom Herd nehmen und nacheinander die Eigelbe unterschlagen. Danach die gehackten Kräuter und den Feta untermischen.

5 Den Backofen auf 170 Grad Umluft vorheizen. Die Eiweiße mit einer Prise Salz in einer Schüssel steif schlagen und vorsichtig unter die Masse heben – nicht rühren!

6 Die Soufflé-Masse in die Förmchen füllen und glattstreichen. Damit die Soufflés beim Aufgehen nicht anbacken, den Zeigefinger mit etwas Olivenöl benetzen und damit jeweils am Rand der Förmchen entlangfahren.

7 Etwa 1 l Wasser erhitzen. Die Förmchen in eine Auflaufform stellen und so viel heißes Wasser zugießen, bis die Förmchen zur Hälfte im Wasser stehen. Die Soufflés etwa 15 bis 20 Minuten im Ofen goldbraun backen und dann vorsichtig aus den Förmchen lösen.

Pesto für Pasta & Co.

Lässt sich gut vorbereiten und kommt immer gut an:
Nudeln mit Soße – hier mal mit Frühlingskräutern voller Vitamine und Mineralstoffe.
Solche Pasta macht nicht nur glücklich, sondern ist auch noch gesund.

Basilikum-Zitronen-melisse-Pesto

100 g geschälte, gehackte Mandeln

20 Basilikumblätter

20 Zitronenmelisseblätter

150 ml Olivenöl

Je ½ TL Salz und Pfeffer

2 TL Honig (oder Agavendicksaft)

Saft einer halben Limette

1 Die Mandeln in einer Pfanne ohne Fett anrösten. Die Kräuter von den Stengeln zupfen.

2 Alle Zutaten in ein hohes Gefäß geben und mit dem Pürierstab zu einer sämigen Masse verarbeiten.

Bärlauch-Minz-Pesto

100 g Pistazienkerne

20 Basilikumblätter

20 Minzeblätter

150 ml Olivenöl

Je ½ TL Salz und Pfeffer

1 TL zerstoßene rosa Pfefferbeeren

2 TL Ahornsirup

1 Die Pistazienkerne in einer Pfanne ohne Fett anrösten. Die Kräuter von den Stängeln zupfen.

2 Alle Zutaten in ein hohes Gefäß geben und mit dem Pürierstab zu einer sämigen Masse verarbeiten.

Sauerampfer-Estragon-Pesto

20 Sauerampferblätter

Blätter von 2 Zweigen Estragon

100 g gehackte Haselnüsse

130 ml Olivenöl

Je ½ TL Salz und Pfeffer

1 EL Agavendicksaft

1 Die Kräuter von den Stängeln zupfen.

2 Alle Zutaten in ein hohes Gefäß geben und mit dem Pürierstab zu einer sämigen Masse verarbeiten.

Es gibt so viele Pesto-Arten wie Nudelsorten: Experimentieren Sie einfach mit dem, was der Garten an Kräutern hergibt, kombinieren Sie mit Ölen und Gewürzen. Seien Sie kreativ!

Erbsen-Brunnenkresse-Pesto

500 g frische grüne, aus den Hülsen gelöste Erbsen (oder TK-Erbsen)

50 g Pinienkerne

1 rote Zwiebel

80 ml Olivenöl

1 Schale Gartenkresse

100 g Feta-Ziegenkäse

¼ TL Muskat

½ TL Pfeffer

1 Die frischen Erbsen waschen, etwa vier Minuten in kochendem Salzwasser blanchieren, abgießen und mit kaltem Wasser abschrecken, damit sie ihre Farbe behalten. (Tiefgefrorene Erbsen nach Packungsangabe garen.)

2 Die Pinienkerne in einer Pfanne ohne Fett anrösten.

3 Die Zwiebel schälen und fein würfeln. Etwas Öl in einer Pfanne erhitzen, die Zwiebelwürfel darin glasig dünsten und dann die Erbsen für 3 Minuten zugeben.

4 Die ganze Kresse abschneiden. Alle Zutaten in ein hohes Gefäß geben und mit dem Pürierstab zu einer sämigen Masse verarbeiten.

Rhabarber-Spargel-Chutney mit Zucchini-Tempura

FÜR DAS CHUTNEY:

400 g weißer Spargel

1 Stange Rhabarber

1 EL Ghee (oder Olivenöl)

3 EL Rohrzucker

Saft einer Limette

1 EL gehackter Ingwer

100 ml Wasser

1 TL Salz

Blätter von 2 Zweigen Koriander

FÜR DIE TEMPURA (FRITTIERTE ZUCCHINI):

2 Zucchini

100 g Mehl
und etwas Mehl zum Wenden

2 EL Maisstärke

½ TL Natron

1 Ei

2 TL Currypulver

½ TL Salz

100 ml kaltes Wasser

3 EL Ghee (oder Olivenöl)

1 Den Spargel schälen, die holzigen Enden abschneiden und die Stangen schräg in ca. 1 cm dicke Stücke schneiden. Die Haut des Rhabarbers abziehen und die Stangen ebenfalls in 1 cm dicke Streifen schneiden.

2 Das Ghee oder Öl in einer Pfanne erhitzen, den Zucker zugeben und leicht karamellisieren lassen. Den Spargel, Rhabarber, Limettensaft und Ingwer sowie das Wasser zugeben und alles kurz aufkochen. Die Hitze reduzieren und 15 bis 20 Minuten einköcheln lassen, bis die Flüssigkeit verdampft ist.

3 Zum Schluss mit dem Salz abschmecken, den Koriander fein hacken und untermischen.

4 Für die Tempura die Zucchini horizontal halbieren und danach jede Hälfte vierteln, sodass jeweils acht gleich große Stücke entstehen. Diese einzeln auf Holzspieße aufstecken.

5 Mehl, Maisstärke, Natron, Ei, Currypulver, Salz und Wasser zu einem leicht dickflüssigen Teig verrühren.

6 Die Zucchini in etwas Mehl wenden, durch den Teig ziehen und dann in dem Ghee oder Öl goldbraun ausbacken.

Toast mit gelbem Erbsenpüree und grünem Spargel

500 g getrocknete gelbe Schälerbsen

1 Bund Lauchzwiebeln

1 Bund Petersilie

500 g grüner Spargel

2 l Gemüsebrühe (Seite 68)

2 TL Currypulver

ca. 150 ml Olivenöl

2 TL Salz

Saft von ½ Limette

1 EL Agavendicksaft

8 Scheiben frisch getoastetes Bauernbrot

1 Die Erbsen gut waschen und 30 Minuten lang in lauwarmem Wasser einweichen.

2 Inzwischen die Lauchzwiebeln waschen, die Strünke abschneiden und die Zwiebeln in Ringe schneiden. Die Petersilie waschen und grob hacken. Beim Spargel die holzigen Enden abschneiden.

3 Die Gemüsebrühe erhitzen. Das Einweichwasser der Erbsen abgießen, die Erbsen in die Brühe geben, in ca. 20 bis 25 Minuten bissfest kochen und dann abgießen.

4 3 EL Olivenöl in einem Topf erhitzen, Curry zugeben und die Lauchzwiebelringe glasig andünsten. Die Erbsen zugeben und gut vermischen.

5 100 ml Olivenöl, die gehackte Petersilie, 1 TL Salz, den Limettensaft sowie den Agavendicksaft zugeben und zu einer sämigen Masse pürieren.

6 2 EL Öl in einer Pfanne erhitzen, den Spargel darin kräftig bissfest anbraten und gut salzen.

7 Das Erbsenpüree auf den Brotscheiben verteilen und den warmen Spargel darauf anrichten.

Luftiges Zucchini-Erbsen-Kräuter-Omelette

100 g frische grüne, aus den Hülsen gelöste Erbsen (oder TK-Erbsen)

6 Eier

6 EL Olivenöl

½ TL Salz

1 Zucchini

3 Zweige Dill

Blättchen von je 4 Zweigen Kerbel, Majoran und Estragon

6 Stängel Schnittlauch

Frischer Pfeffer aus der Mühle

1 Den Ofen auf 170 Grad Umluft vorheizen.

2 Die Erbsen waschen, 3 Minuten in kochendem Wasser blanchieren, abgießen und abschrecken. (Oder die Tiefkühl-Erbsen gemäß Packungsangabe garen.)

3 Die Eier in einer Schüssel zusammen mit dem Salz schaumig aufschlagen. 2 EL Olivenöl in einer (backofengeeigneten) Pfanne erhitzen. Die Eier zugeben und in ca. 3 Minuten stocken lassen.

4 Die Erbsen zugeben, die Zucchini mit einer Gemüsereibe direkt über das Ei reiben. Die Pfanne 10 bis 12 Minuten in den Ofen stellen, damit das Ei schön aufgehen kann.

5 Inzwischen die Kräuter grob hacken und über das fertige Omelette streuen. Mit 4 EL Olivenöl beträufeln und pfeffern.

Sie können auch zu Beginn 3 gekochte Kartoffeln in Stücke schneiden und in dem Öl anbraten, bevor das Ei hinzukommt. Voilà: Schon haben Sie eine schnelle Kräuter-Tortilla!

Sanft gegarte Basilikum-Karotten

12 Karotten
100 g Ghee
1 TL Salz, Pfeffer
6 EL Ahornsirup
30 Basilikumblätter
6 Bögen Alufolie

1 Den Ofen auf 200 Grad vorheizen. Das Ghee in einem Topf erwärmen.

2 Die Karotten schälen und der Länge nach halbieren.

3 Drei Bögen Alufolie à ca. 30 × 35 cm in der Mitte mit Ghee bepinseln und mit etwas Salz und Pfeffer bestreuen. Die Karotten gleichmäßig auf der Alufolie verteilen, erneut leicht salzen, pfeffern und mit dem Ahornsirup beträufeln.

4 Die Basilikumblätter fein hacken und gleichmäßig auf den Karotten verteilen.

5 Die Portionen jeweils mit einer zweiten Folie dicht verschließen und für etwa 20 Minuten im Ofen garen.

TIPP Die Basilikum-Karotten passen wunderbar zum Frühlings-Soufflé von Seite 101.

La dolce vita!

MEHL-SPEISEN MIT FRÜHLINGS-FEELING

Kartoffel-Schoko-Gugelhupf
mit Zitronenmelisse

FÜR DEN GUGELHUPF:

300 g mehligkochende Kartoffeln

250 g weiche Butter plus etwas Butter für die Form

200 g Puderzucker

5 Eier (Raumtemperatur)

200 g Schokojoghurt

15 Blättchen Zitronenmelisse

80 g Weichweizengrieß

150 g Mehl Type 405

100 g Maisstärkemehl

1 TL Natron

FÜR DIE GLASUR:

150 g weiße Kuvertüre

60 g grob gemahlene Pistazien

1 Die Kartoffeln weich kochen, auskühlen lassen, pellen und durch eine Presse in eine große Schüssel pressen (lässt sich gut am Vortag vorbereiten).

2 Die Butter und den Puderzucker in eine weitere Schüssel geben und mit dem Handrührgerät schaumig rühren. Nach und nach die Eier und den Joghurt zugeben und alles zu einer cremigen Masse verrühren.

3 Die Zitronenmelisseblätter klein zupfen und mit den Kartoffeln zum Teig geben.

4 Den Ofen auf 180 Grad vorheizen.

5 Grieß, Mehl, Stärke und Natron durch ein Sieb zur Teigmasse geben und mit dem Rührgerät zu einem geschmeidigen Teig verarbeiten.

6 Den Teig in eine gut mit Butter gefettete Gugelhupfform geben und 60 Minuten lang backen. Den Kuchen danach 15 Minuten auskühlen lassen, anschließend vorsichtig auf ein Backgitter stürzen und komplett auskühlen lassen.

7 Für die Glasur die Kuvertüre im Wasserbad auf kleiner Hitze schmelzen lassen, den Gugelhupf damit bestreichen und mit den Pistazien bestreuen.

Haselnuss-Schoko-Kuchen mit Erdbeer-Basilikum-Sahne

250 g weiche Butter

200 g Puderzucker

4 Eier (Raumtemperatur)

250 g Mehl Type 405

100 g gemahlene Haselnüsse

100 g Zartbitter-Schokoraspeln

1 TL Natron

250 g Erdbeeren

20 Basilikumblättchen

200 g Sojasahne

1 EL Agavendicksaft

1 EL frisch zerstoßene rosa Pfefferbeeren

1 Den Ofen auf 180 Grad vorheizen.

2 Die Butter und den Puderzucker in eine Schüssel geben und mit dem Handrührgerät schaumig rühren. Die Eier nacheinander zugeben und das Ganze zu einer cremigen Masse verrühren.

3 Das Mehl, die Haselnüsse, die Schokoraspeln und das Natronpulver zugeben und mit einem Teigschaber unterheben.

4 Die Teigmasse auf ein mit Backpapier belegtes Blech streichen, in den Ofen schieben und 35 Minuten backen.

5 In der Zwischenzeit die Erdbeeren waschen, vom Stielansatz befreien und vierteln, die Basilikumblättchen klein zupfen. Die Sojasahne mit dem Agavendicksaft mischen und die Erdbeeren mit dem Basilikum unterheben.

6 Die Sahnemasse gleichmäßig auf den ausgekühlten Kuchen streichen und mit dem zerstoßenen Pfeffer überstreuen.

Hefekuchen mit Erdbeer-Basilikum-Kompott

FÜR DEN HEFEKUCHEN:

½ Würfel Frischhefe

250 ml lauwarme Milch plus etwas Milch zum Bestreichen

2 EL zimmerwarmes Ghee

60 g feiner Rohrzucker

500 g Weizenmehl 405

½ TL Salz

etwas Butter für die Backform

FÜR DAS KOMPOTT:

300 g erntefrische reife Erdbeeren

100 g Gelierzucker (1:3)

Saft von einer Limette

FÜR DEN AUFSTRICH:

15 Basilikumblätter

250 g milder Ziegenfrischkäse

1 TL Honig

1 Prise Salz

ZUM AUSBACKEN:

2 EL Ghee

1 Die Hefe zerkrümeln und zusammen mit der Milch, dem Zucker und dem Ghee in einer großen Schüssel schaumig aufschlagen. Das Mehl dazusieben, das Salz zugeben und alles zu einem geschmeidigen Teig verkneten. Den Teig etwa 30 Minuten abgedeckt auf der Heizung gehen lassen.

2 Den Ofen auf 180 Grad vorheizen. Den Teig noch einmal kurz durchkneten und in eine gefettete Kastenform geben. Mit etwas Milch bestreichen und 25 bis 30 Minuten lang backen. Anschließend auskühlen lassen und aus der Form stürzen.

3 Für das Kompott die Erdbeeren waschen, vom Stielansatz befreien und in Stücke schneiden. Mit dem Gelierzucker und dem Limettensaft in einen Topf geben und bei mittlerer Hitze etwa fünf Minuten köcheln lassen. Das Kompott in eine Schüssel umfüllen und komplett auskühlen lassen.

4 Das Basilikum – bis auf 5 Blätter – fein hacken, mit dem Ziegenfrischkäse, dem Honig und dem Salz in eine Schüssel geben und gut vermischen.

5 Den ausgekühlten Hefekuchen in etwa fingerdicke Scheiben schneiden und im Ghee von beiden Seiten goldbraun ausbacken.

6 Die restlichen 5 Basilikumblätter in feine Streifen schneiden. Die Frischkäsemasse auf die Kuchenscheiben streichen, das Kompott daraufgeben und mit dem Basilikum bestreuen.

Sommer

FÜLLE UND VIELFALT SATT

Summertime –
and the living is easy

DER SOMMER IST DER **HÖHEPUNKT DES JAHRES,** DEM ALLES LEBEN ENTGEGENBLÜHT. IN DER NATUR UND IM GARTEN RÜHRT SICH WAS: DER WETTBEWERB UMS PRÄCHTIGSTE BLUMENKLEID IST ERÖFFNET. **EIN WAHRES FEUERWERK** AN FARBEN, DÜFTEN UND FORMEN EXPLODIERT IN EINER VON GANZ OBEN FESTGELEGTEN REIHENFOLGE. SELBST DAS UNSCHEINBARSTE KRAUT TREIBT **BUNTE BLÜTEN,** LOCKT BIENEN AUS DEM STOCK UND ZIEHT ANDERE INSEKTEN AN. DER GESAMTE VIELBLÄTTRIGE AUFWAND IST EINE DUFTE SACHE UND DIENT EIGENTLICH NUR EINEM ZWECK: **DIE FRUCHT** AN DEN SONNENTAG ZU BRINGEN.

Zeit der Fülle und Ernte

PRALLES LEBEN ÜBERALL

Die Sonne bringt es an den Tag

Der Sommer ist die Schnittstelle vom Wachstum zur Reife, die Zeit der Fruchtbarkeit. Der launische Frühling mit seinen Wetter- und Temperaturschwankungen und Eisheiligen war zwar ein optimistischer Vorbote, aber alles andere als sicher und stabil. Noch im Juni droht die Schafskälte. Dann aber löst Mutter Natur endlich das Versprechen der Fülle ein und trägt schwer an den wachsenden Früchten der Erde, die sie durch den dominanten Einfluss der Sonne zur Reife bringt. Der Übergang vom Frühling zum Sommer ist für den Organismus und die Natur weit weniger herausfordernd als andere Phasen.

Pitta hat Hochkonjunktur

Alles wächst, blüht und gedeiht: Im Sommer fühlen wir uns meist in Topform, sind guter Laune und voller Tatendrang. Wen wundert's? Licht und Wärme machen munter. Insofern ist eine vitalstoffreiche und leichte Ernährung jetzt die beste Wahl. Mutter Natur hat die nötigen Zutaten dafür in üppiger Vielfalt im Füllhorn. Die beste Zeit, um durch pflückfrisches Obst und Gemüse den Körper in Schwung zu bringen, für gute Stimmung und ein dauerhaftes Hoch zu sorgen.

Die Sonnwendfeier: Klar zur Wende?

Die Sommersonnenwende markiert den Beginn des astronomischen Sommers. Am 21. Juni steht die Sonne bei uns im mittäglichen Zenit. Hoch im Norden gibt es die Zeit der Weißen Nächte – die »Mitternachtssonne« geht gar nicht mehr unter. Anschließend werden die Tage wieder kürzer und die Schatten länger.
Der Sonnenkult und die Verehrung des Lichts wurzeln in der prähistorischen Vergangenheit. Die Sonne war von existenzieller Bedeutung fürs Überleben. Die Sommersonnenwende symbolisiert den Übergang vom Leben zum Tod, die Vergänglichkeit, während die Wintersonnenwende das Licht zurückbringt und somit für den Neubeginn und das Leben steht.

Bräuche und Symbole

Zahlreiche Riten und Mythen greifen diese Symbolik auf. Die Sommersonnenwende wurde und wird als eines der vier großen Sonnenfeste gefeiert – neben der Wintersonnenwende sowie der Frühjahrs- und Herbst-Tagundnachtgleiche. Je extremer das Gefälle zwischen eiskaltem Winter und heißem Sommer beziehungsweise langen Winternächten und Sommertagen, desto intensiver wird in den betroffenen Regionen zwischen Nord-

feuer als weibliche Gottheit verehrt – wie in vielen prähistorischen Matriarchaten. Die Kirche integrierte das sinnesfreudige Fest, nachdem sie es lange und erfolglos bekämpft hatte, schließlich in den Kirchenkalender als Johannistag am 24. Juni: ein Feiertag zu Ehren Johannes des Täufers, der Jesus Christus, das »Licht der Welt«, ankündigte und taufte.
Johanni ist auch für die Landwirte ein wichtiger Tag. Das Ende der Schafskälte eröffnet die Erntesaison.

Freudenfeuer und Heidenspaß

Ursprünglich wurde zwölf Tage lang um die Sommersonnenwende gefeiert. Licht und Wärme der hoch stehenden Sonne wurden durch das Mittsommerfeuer verstärkt – ein wahres Freudenfeuer und buchstäblicher »Heidenspaß«, eine Zeit der Ekstase und des Rausches.
Mit Kräutern versetztes Starkbier wurde zu diesem Anlass gebraut, das Mittsommerfeuer umtanzt und übersprungen. Für Liebespaare ein wichtiges Ritual, denn – so der Mythos – wenn sie einander beim gemeinsamen Sprung nicht verlieren, hält das Glück. Alles Alte, Überkommene und Ungelebte wird im Ritual symbolisch dem Feuer übergeben, die Asche nach dem Erkalten auf die Äcker gestreut, um die Fruchtbarkeit der Erde zu steigern. Heute ist das Sommersonnenwendfest ein guter Anlass, sich mit Freunden zu treffen und gemeinsam den beginnenden Sommer im Freien am Lagerfeuer zu feiern. Und wenn die große Sommer-Party ihren Zenit durchlaufen hat, dann geht sie auch schon dem strahlenden Ende entgegen.

und Südpol gefeiert. In den nördlichen Ländern Europas, wo die Sommernächte immer lang und lichtvoll sind, haben die Sonnenwendfeiern eine lange Tradition und von jeher eine stärkere Bedeutung als beispielsweise in Südeuropa.
Die Sonnenwendfeste wurden also vor allem in den germanischen, nordischen, baltischen, slawischen und keltischen Religionen zelebriert.
In zahlreichen Kulturen ist die Sonne dem maskulinen Prinzip zugeordnet: Die Kraft, Energie und Stärke der Sonnen- und Feuerenergie werden durch Rituale gewürdigt. Nur im germanischen und keltischen Kulturkreis wurde das Himmels-

Der Garten im Sommer

Gießen, jäten, düngen …

Im Garten ist jetzt – vorausgesetzt, der Sommer fällt nicht ins Wasser – vor allem eines zu tun: gießen. Gießen. Und noch mal gießen. Dies gilt besonders für Pflanzen in Kübeln und Töpfen auf den Son-

nenplätzen von Balkon und Terrasse. Die bevorzugten Wässerungszeiten sind morgens früh und abends, wenn die größte Hitze vorbei ist.

Alle angelegten Beete bedürfen der ständigen Pflege durch Hacken, Lockern und Unkrautjäten. Darüber hinaus sollten die Bestände nun regelmäßig daraufhin kontrolliert werden, ob sich irgendwelche hinterhältigen Räuber oder anderen Schädlinge ans junge Gemüse machen oder Krankheiten ausbreiten. Falls eine Attacke droht, kann nun auch das entsprechende Gegenmittel in Form von Jauchen hergestellt werden (Seite 28).

Und für die Produktion selbst gemachten Düngers ist nun ebenfalls der richtige Zeitpunkt – der Garten hat nämlich im Sommer alles reichlich im Angebot, was dafür benötigt wird (ab Seite 25).

… und ernten

Die Kräuter stehen im Zenit ihrer Wirkungskraft, können geerntet, getrocknet oder eingefroren sowie in Öl oder Essig konserviert werden. Reife Beeren wollen gepflückt sein. Und auch das Getreide auf den Feldern wird eingebracht.

Der Höhepunkt des Sommers bietet Vielfalt, Wärme und Fülle: Das Leben zelebriert sich selbst. Laden Sie ein und feiern Sie kräftig mit!

Saisonkalender: Sommer

Heimische Gemüse und Früchte der Saison –
wann es was aus dem Freiland gibt, kann je nach Gegend sehr variieren

SALAT:	Frisch vom Freiland	Aus dem Gewächshaus	Noch aus dem Lager
alle Sorten	✘		
Endivie (ab August)	✘		
Rucola	✘		
GEMÜSE:			
Auberginen		✘	
Bohnen: Busch- und Stangenbohnen	✘		
Blumenkohl	✘		
Brokkoli	✘		
Gurke	✘		
Fenchel	✘		
Kartoffel	✘		
Kohlrabi	✘		
Kürbis (ab August)	✘		
Lauchzwiebel	✘		
Mangold	✘		
Möhre	✘		
Paprika		✘	
Porree/Lauch	✘		
Radieschen	✘		
Rotkohl	✘		
Rote Bete	✘		
Sellerie	✘		

GEMÜSE:	Frisch vom Freiland	Aus dem Gewächshaus	Noch aus dem Lager
Spitzkohl	✘		
Spinat	✘		
Tomate	✘	✘	
Zucchini	✘		
Zuckererbsen	✘		
Zuckermais	✘		
Zwiebel	✘		
OBST:			
Apfel (ab August)	✘		
Beeren: Erdbeere, Himbeere, Johannisbeere, Stachelbeere	✘		
Birne (ab September)	✘		
Holunderbeere (ab Mitte August)	✘		
Kirsche (Juni/Juli)	✘		
Melone (ab August)	✘		
Mirabelle (ab Juli)	✘		
Zwetschge (ab September)	✘		
Pflaume (ab August)	✘		
Traube (ab September)	✘		
NÜSSE:			
Haselnüsse (ab August)	✘		
Walnüsse (ab September)	✘		

Inspired by nature

SOMMERLICHES FÜR HAUS & KÜCHE

Lavendelsäckchen »Mottenfrei!«

1 Kleine Stoffsäckchen fertig kaufen oder aus bunten und gemusterten Stoffresten selbst nähen.

2 Den geernteten Lavendel von den Stielen abrebeln und in einer Schale trocknen lassen, falls nötig.

3 Dann die Säckchen prallvoll damit befüllen. Schleifchen drum – fertig!

TIPP Einige Tropfen reines Lavendelöl in die Mischung geben, um den Duft zu intensivieren.

Heubad-Säckchen »Alpenglück«

1 Kräuter wie Frauenmantel, Arnika, Thymian, Enzian oder Fingerkraut zur geeigneten Zeit sammeln und an einem geschützten Ort trocknen. Das geht am einfachsten im Rahmen einer geführten Kräuterexkursion mit gleichgesinnten Natur-Freaks.

2 Pro Wannenvollbad eine Kräutermischung herstellen und in ein Säckchen aus durchlässiger Biobaumwolle füllen, das man dann einfach direkt ins Badewasser geben kann.

Kräuterbuschen binden

Im Hochsommer – etwa um den Feiertag Mariä Himmelfahrt am 15. August, wenn die Kräuter ihre Heilkraft und Wirkstoffe voll entwickeln – werden nach heidnischem Kult Kräuterbuschen gebunden. Die Kirche hat diesen Brauch übernommen und ihn der Heiligen Maria gewidmet. Die Buschen wurden zur Zubereitung von Tees oder zum Räuchern in den Raunächten genutzt und enthalten eine Vielzahl unterschiedlicher Kräuter. Dabei orientiert sich die Anzahl der verschiedenen Pflanzen an heiligen Zahlen, zum Beispiel:

- 7: Zahl der Wochen- beziehungsweise Schöpfungstage
- 12: Zahl der Apostel, Stämme Israels
- 24 (2-mal 12): Zahl der Apostel und der Stämme Israels

24 Kräuter

Hier eine Auswahl aus dem Garten oder von der Wiese für einen Kräuterbuschen:

Alant, Anis-Ysop, Baldrian, Beifuß, Bohnenkraut, Eberraute, Eibisch, Eisenkraut, Estragon, Johanniskraut, Kamille, Kampfer, Königskerze, Lavendel, Minze, Odermennig, Oregano, Oswegokraut, Rainfarn, Schafgarbe, Thymian, Wermut, Wiesenknopf, Ysop, Zitronenmelisse

1 Die Königskerze in die Mitte geben, dann die anderen Pflanzen darum herum arrangieren.

2 Mit einem Baumwollbindfaden fest zusammenbinden und zum Trocknen kopfüber aufhängen.

Kräutertee »Hausmarke«

- Die Kräuter können frisch geerntet aus dem Garten für den Teesud verwendet werden – oder getrocknet.
- Nur Kräuter verwenden, die weder von Pestiziden noch von anderen Spritzmitteln verunreinigt sind.
- Ausschließlich die Kräuterblätter verwenden. Nicht waschen, da sonst wertvolle Wirkstoffe verloren gehen.
- Um auch beim Aufbrühen die wertvollen Inhaltsstoffe weiter zu erhalten, darf das Wasser nicht heißer als 80 Grad sein, da sonst die heilkräftigen Stoffe zerstört werden.

Kräuter trocknen

1 Die Blätter auf einem Gitter in der Sonne, auf dem Dachboden oder im Backofen bei 40 bis 50 Grad trocknen.

2 Die Kräuter dann trocken, dunkel und luftig lagern, um Schimmelbefall zu vermeiden und die Wirkstoffe zu erhalten.

3 Nach etwa fünf Tagen die Blätter in einem Mixer nicht zu hochtourig häckseln. Achtung – nicht zu Pulver vermahlen!

4 Den Tee in hübsche Döschen oder Papiertüten portionieren und der Mischung per Schildchen einen Namen geben.

Sommerliche Teemischung

1 Teil Pfefferminz

1 Teil Salbei

1 Teil Zitronenmelisse

Variieren mit selbst angebautem Chili, Ingwer, Lavendel oder Rosenblättern …

»Für euch soll's rote Rosen regnen«

1 Blütenblätter von verschiedenfarbigen duftenden Rosen am Vortag sammeln, mit ein wenig Wasser besprühen und bis zum Fest im Kühlschrank aufbewahren.

2 Kurz bevor die Gäste kommen, übers Buffet oder den Tisch streuen.

TIPP Mit ein paar Tropfen Rosenöl auf den Blütenblättern lässt sich der Duft intensivieren.

Essbare Blüten – das Auge isst mit!

Essbare Blüten sind ein echter Hingucker auf Salaten, Suppen und anderen Gerichten. Die Blüten schmecken frisch am besten und sollten erst kurz vorm Servieren zum Einsatz kommen. Grundsätzlich gilt:

- Nur Blüten von ungespritzten Pflanzen, also am besten aus eigenem Anbau, verwenden!
- Wer unsicher bezüglich der Essbarkeit ist: bitte unbedingt in der Fachliteratur informieren! Oder grundsätzlich auf fertige Saatmischungen essbarer Blüten zurückgreifen.
- Blüten eignen sich zum Garnieren von Suppen, Gerichten und Salaten und können kandiert auch als Deko für Süßspeisen und Kuchen dienen. Ideal dafür sind Rose, Veilchen und Schlüsselblume.
- Ansonsten lassen sich essbare Blüten zu einer bunten Blütenbutter verarbeiten, außerdem in Teig ausbacken – etwa Holunder- und Zucchiniblüten –, dekorativ in Eiswürfeln einfrieren oder getrocknet in Tees mischen.

Geeignete Pflanzen

Kapuzinerkresse (Blüten und Blätter), Borretsch (Blüten, Blätter auch als Würzkraut, etwa in Frankfurter Sauce), Schnittlauch, Dill, Calendula (Ringelblume), Gänseblümchen, Löwenzahn, Kornblume, Malven, Speise-Chrysanthemen, Speise-Tagetes.
Auch die Blüten der mediterranen Kräuter Basilikum, Lavendel, Salbei und Thymian eignen sich hervorragend.

Sommerlicher Hochgenuss

für Gartenfest & Picknick

JETZT WIRD'S IN VIELER HINSICHT LEICHTER.
AUCH **DER AYURVEDA EMPFIEHLT** FÜR DEN SOMMER,
ALLES, WAS ZU SCHWER IST AN KALORIEN & CO.,
EINFACH ZU REDUZIEREN ODER GLEICH GANZ
WEGZULASSEN. DER SOMMER NÄHRT BEREITS AN SICH
DURCH **WÄRME, DÜFTE UND FARBEN.**
WIR SIND VIEL DRAUSSEN UND MIT SAUERSTOFF
AUFGETANKT. PACKEN SIE EINFACH DEN **PICKNICKKORB**
UND SUCHEN SIE SICH EINEN PLATZ IM GRÜNEN –
MIT FREUNDEN, DENN: »GLÜCK IST DAS EINZIGE, WAS SICH
MULTIPLIZIERT, WENN MAN ES TEILT.«

Das Party-Volk
will Brot und Spiele

FESTE FEIERN IM GRÜNEN

Das fängt ja gut an!

Lavendel-Johannisbeer-Sprizz

300 g frische Johannisbeeren

8 Lavendelblütenrispen

1,5 l Wasser

200 g Rohrzucker

Saft von 2 Zitronen

Mineralwasser zum Auffüllen

1 Die Johannisbeeren waschen und von den Stielen zupfen. Die Lavendelrispen zusammenbinden.

2 Das Wasser in einem Topf aufkochen und alle Zutaten darin 5 Minuten kochen lassen. Dann vom Herd nehmen und den Sud abgedeckt 24 Stunden ziehen lassen.

3 Den Lavendel aus dem Sud nehmen. Alles kräftig pürieren, dann durch ein grobes Sieb gießen. In Gläser gießen und mit etwas Mineralwasser auffüllen.

Zitronenmelisse-Kirsch-Limonade

300 g reife Kirschen

10 Zweige Zitronenmelisse

1,5 l Wasser

Saft von 1 Zitrone

3 EL Agavendicksaft

Mineralwasser zum Auffüllen

1 Die Kirschen waschen und entsteinen. Die Zitronenmelisse zusammenbinden.

2 Das Wasser zum Kochen bringen. Alle weiteren Zutaten zugeben und 5 Minuten kochen lassen. Dann den Topf vom Herd nehmen und den Sud 24 Stunden abgedeckt ziehen lassen.

3 Die Zitronenmelisse aus dem Sud nehmen. Anschließend alles kräftig pürieren, dann durch ein grobes Sieb gießen. In Gläser gießen und mit etwas Mineralwasser auffüllen. Wer möchte, kann noch mit etwas Agavendicksaft nachsüßen.

Ginger Beer

1 Stück Ingwer à ca. 150 g

2 Bio-Limetten

3 Bio-Orangen

1,5 l Wasser

120 g Rohrzucker

6 Stiele Minze

Mineralwasser zum Auffüllen

evtl. Agavendicksaft
zum Nachsüßen

1 Den Ingwer schälen und fein reiben. Von den Limetten und Orangen die äußere Schale mit einem Sparschäler dünn abschälen (ohne das Weiße!).

2 Das Wasser zum Kochen bringen, den Zucker einrühren, den Ingwer zugeben und alles 5 Minuten kochen lassen.

3 Die Früchte auspressen und zusammen mit den abgeschälten Schalen in eine Schüssel geben. Mit dem kochenden Zuckersud übergießen und 24 Stunden abgedeckt ziehen lassen.

4 Das Ginger Beer durch ein Sieb gießen. Anschließend zusammen mit ein paar Blättchen frischer Minze in Gläser geben. Mit etwas Mineralwasser auffüllen. Wer möchte, kann noch mit etwas Agavendicksaft nachsüßen.

TIPP

Zum Feiern bietet es sich an, größere Mengen herzustellen, die in Karaffen, Flaschen oder Bowle-Schalen abgefüllt werden: Wohl bekomm's!

Kräuter-Knusper-Fladen

½ Würfel Hefe

1 TL Rohrzucker

300 g Weizenmehl Type 405

350 g Roggenvollkornmehl Type 1050

150 ml lauwarmes Wasser

je 1 TL Fenchel-, Kümmel-, Anis-,
Koriander- und Bockshornkleesamen

1 TL Salz

200 ml Buttermilch

5 EL Olivenöl

1 Ei

1 Die Hefe in eine Schüssel geben und zusammen mit dem Zucker, 50 g Mehl und dem lauwarmen Wasser aufrühren, anschließend 15 Minuten an einem warmen Ort gehen lassen.

2 Die Gewürze in einer Kaffeemühle frisch mahlen.

3 Das übrige Mehl zum Vorteig sieben, alle weiteren Zutaten untermischen. Das Ganze zu einem geschmeidigen Teig verarbeiten, mit etwas Mehl bestäuben und eine Stunde abgedeckt an einem warmen Ort ruhen lassen.

4 Den Teig in 15 bis 20 Portionen aufteilen und jeweils ca. 5 mm dick ausrollen. Die Fladen auf ein mit Backpapier ausgelegtes Backblech geben und noch mal 30 Minuten gehen lassen.

5 Inzwischen den Ofen auf 220 Grad vorheizen. Die Fladen dann in etwa 12 bis 15 Minuten schön kross backen.

TIPP

Experimentieren Sie, seien Sie kreativ, lassen Sie
Ihrer Fantasie freien Lauf: Mit Kräutern, die es im Handel in
diversen Mischungen – von orientalisch bis mediterran –
gibt, lassen sich die Fladen jedes Mal neu erfinden. Passend
zum Gericht, versteht sich!

Fenchel-Eier
mit gerösteten Mandeln

2 Fenchelknollen (ca. 400 g)

2 EL Olivenöl

100 ml Gemüsebrühe (Seite 68)

50 ml Orangensaft

Grobes Meersalz und Pfeffer aus
der Mühle

2 Eier

3 EL gehobelte Mandelplättchen

3 Blätter frischer Salbei

1 Den Fenchel waschen und die grünen Stiele abschneiden (für eine Gemüsebrühe verwenden). Die Fenchelknollen der Länge nach halbieren und in schmale Streifen schneiden.

2 Olivenöl in einer Pfanne erhitzen und den Fenchel darin 5 Minuten anbraten. Gemüsebrühe und Orangensaft zugeben und bei leicht geöffnetem Deckel und kleiner Hitze ca. 15 Minuten schmoren lassen. Zum Schluss salzen und pfeffern.

3 Inzwischen die Eier hart kochen. Die Mandelplättchen in einer Pfanne ohne Fett anrösten.

4 Die Eier pellen, halbieren und fein hacken. Den Salbei ebenfalls fein hacken.

5 Eier und Fenchel in einer Schüssel mischen und mit den Mandeln und dem Salbei bestreuen.

Das Salz der Erde: Salz gibt es, neben meist raffiniertem Kochsalz, inzwischen in vielen Varianten. Probieren Sie doch mal Fleur de Sel aus der Bretagne, Steinsalz, grobkörniges Meersalz oder Himalajasalz.

136

Grillen & Chillen

GEHT AUCH VEGETARISCH

Stockbrot

¼ Würfel Hefe
250 ml warmes Wasser
1 TL Rohrzucker
600 g Mehl Type 1050
50 ml Olivenöl
1 TL Salz

1 Die Hefe im warmen Wasser mit dem Zucker auflösen. Das Mehl, Öl und Salz zugeben und alles zu einem geschmeidigen Teig verarbeiten. 30 Minuten abgedeckt an einem warmen Ort ruhen lassen.

2 Etwas von dem Teig um einen Stock wickeln und etwa 5 bis 8 Minuten über das offene Feuer halten.

Gebackene Kartoffeln

4–6 große, mehligkochende Kartoffeln
etwas Öl
Alufolie
Salz
4–6 kleine Rosmarinzweige

1 Die Kartoffeln gut abwaschen und trocknen lassen. Auf mit etwas Öl eingepinselte Alufolie legen, mit etwas Salz bestreuen und einen kleinen Rosmarinzweig darauflegen.

2 Die Kartoffeln in die Folie wickeln, am besten in zwei Lagen. Direkt in die heiße Glut legen, etwas bedecken und 40 bis 45 Minuten garen.

Ziegenfrischkäse-Basilikum-Creme

200 g Ziegenfrischkäse

10 Blätter Basilikum

Schale von 1 Zitrone

½ TL rosenscharfes Paprikapulver

½ TL Salz

2 EL Olivenöl

Blättchen von 2 Zweigen Thymian

1 Das Basilikum fein hacken und dann alle Zutaten zu einer geschmeidigen Creme verrühren.

2 Die fertigen Kartoffeln auswickeln, aufbrechen und den Dip daraufgeben.

TIPP Der Dip schmeckt nicht nur perfekt zu den Kartoffeln, sondern passt auch sehr gut zu gegrillten Maiskolben.

Fleischlos glücklich

Wenn ich provokant werden wollte, könnte ich jetzt sagen: Wenn mal wieder der sanfte Verwesungsgeruch von verbranntem Fleisch durch die Lande zieht, weiß jeder, die Grillsaison ist eröffnet. Aber ich will nicht den Moralischen raushängen lassen, sondern Alternativen zeigen. Also, super-geeignet zum Grillen sind:

Zucchini, Auberginen, Paprika, Maiskolben

Kürbis, Süßkartoffeln, Kartoffeln

Halloumi-Käse (gibt's in türkischen oder griechischen Lebensmittelläden)

Äpfel, Melonen, Datteln

Olivenöl, Salz, Pfeffer

1 Einfach ein paar Stücke davon auf einen großen Holzspieß stecken, mit gutem Olivenöl bestreichen – und ab auf den Grill.

2 Anschließend das Gemüse nach Belieben salzen und pfeffern.

Da haben wir den Salat!

TO GO IM GLAS ODER TO EAT@HOME

Karotten-Ingwer-Couscous-Salat mit zweierlei Dressing

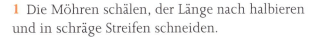

4 Möhren

150 ml heiße Gemüsebrühe

50 g Couscous

1 EL Ghee (oder Olivenöl)

1 EL fein gehackter Ingwer

1 TL Rohrzucker

1 TL süßes Currypulver

1 Messerspitze Cayennepfeffer

3 getrocknete Pflaumen

5 Zweige Petersilie

2 EL Olivenöl

Salz und Pfeffer aus der Mühle

1 Die Möhren schälen, der Länge nach halbieren und in schräge Streifen schneiden.

2 Die Brühe über den Couscous gießen und das Getreide 5 Minuten quellen lassen.

3 Das Ghee in einer Pfanne erhitzen und den Ingwer darin mit dem Zucker 3 Minuten karamellisieren. Dann das Currypulver und den Cayennepfeffer hinzufügen und gut untermischen. Die Möhrenstreifen zugeben und bei leicht geöffnetem Deckel in 5 Minuten bissfest schmoren.

4 Die Pflaumen in feine Streifen schneiden, die Petersilie grob hacken.

5 Couscous, Möhren und Pflaumen mit der Petersilie und dem Olivenöl gut vermischen und mit Salz und Peffer abschmecken.

6 Mit einem der beiden folgenden Dressings können Sie den Salat verfeinern und variieren.

Packen Sie die Badehose ein – und den Salat gleich mit fürs Picknick après. Und zwar am schönsten in Weckgläser mit dichtem Verschluss. Dann haben Sie die appetitliche Belohnung nach dem Schwimmen gleich im Blick.

Dressings zum Couscous-Salat

Himbeer-Dressing

100 g frische Himbeeren

½ TL Amchur (Seite 93),
in 150 ml Wasser aufgelöst

2 EL Honig (oder Agavendicksaft)

150 ml Gemüsebrühe (Seite 68)

100 ml Olivenöl

100 ml Walnussöl

Salz und Pfeffer zum Abschmecken

1 Alle Zutaten mit einem Pürierstab zu einer sämigen Masse pürieren.

Johannisbeer-Senf-Dressing

100 g Johannisbeeren

100 ml Birnensaft

1 EL Honig (oder Agavendicksaft)

1 EL süßer Senf

1 EL geröstete Walnusskerne

100 ml Leinöl

100 ml Walnussöl

Salz und Pfeffer zum Abschmecken

1 Alle Zutaten mit einem Pürierstab zu einer sämigen Masse pürieren.

Diese Dressings geben dem Couscous-Salat (Seite 141)
das gewisse Extra.
Reste in ein Schraubglas füllen und im Kühlschrank aufbewahren! Denn: Egal ob Kopf-, Rucola- oder Bataviasalat –
diese fruchtigen Dressings passen auch sehr gut zu allen
Blattsalatsorten, die im Sommer erhältlich sind.

Gebackene Gurken mit lauwarmem Kartoffel-Dill-Salat

FÜR DIE GURKEN:

1 Salatgurke

2 EL Olivenöl

½ TL Salz

1 TL Rohrzucker

FÜR DEN SALAT:

500 g festkochende Kartoffeln

Salz

50 g gehobelte Mandelplättchen

2 EL Olivenöl

2 EL Walnussöl

1 EL Orangensaft

1 TL Sojasauce

1 TL Agavendicksaft

1 Bund Dill

1 Den Ofen auf 180 Grad vorheizen.

2 Die Gurke schälen, längs halbieren und die Kerne mit einem Löffel auskratzen. Die Gurke in fingerdicke Stücke schneiden und in einer Schüssel gut mit dem Öl, Salz und Zucker mischen. In eine Auflaufform geben und 15 Minuten im Ofen backen.

3 Die Kartoffeln waschen und ungeschält in leicht gesalzenem Wasser gar kochen. Dann das Wasser abgießen und die Kartoffeln auskühlen lassen.

4 Die Mandelplättchen in einer Pfanne ohne Fett anrösten. Die Kartoffeln pellen und in Scheiben schneiden.

5 Das Öl, den Saft, die Sojasauce und den Agavendicksaft zu einer cremigen Vinaigrette verrühren. Den Dill fein hacken.

6 Die Gurken und Kartoffeln in eine Schüssel geben, mit der Vinaigrette vermischen und mit dem Dill und den Mandeln bestreuen.

Auf der übernächsten Seite ist der Kartoffel-Dill-Salat im Foto unten zu sehen.

Bohnensalat mit Quinoa, Minze und Basilikum

600 g grüne Buschbohnen

Salz

2 Radieschen

400 ml Gemüsebrühe (Seite 68)

100 g rote Quinoa

1 Lauchstange

6 EL Olivenöl

2 TL Gewürzmischung »Ras El Hanout«

1 EL Sojasauce

1 EL Waldhonig (oder Agavendicksaft)

Salz und Pfeffer

20 Blättchen Basilikum

20 Blättchen Minze

1 Die Bohnen waschen und putzen, dann in kochendes Salzwasser geben und in 10 bis 12 Minuten bissfest garen. Anschließend abgießen und mit kaltem Wasser abschrecken.

2 Die Radieschen waschen und fein würfeln.

3 Die Gemüsebrühe in einem Topf zum Kochen bringen. Die Quinoa zugeben, die Hitze reduzieren und in 20 Minuten garziehen lassen, bis das ganze Wasser verdampft ist.

4 Den Lauch bis zum dunkelgrünen Ansatz in Ringe schneiden und gründlich waschen. Das Olivenöl in einer Pfanne erhitzen und den Lauch darin in ca. 5 Minuten glasig dünsten. Ras el Hanout zugeben und gut untermischen.

5 Sojasauce, Honig (oder Agavendicksaft), Salz und Pfeffer verrühren. Basilikum und Minze klein hacken. Sämtliche Zutaten in eine große Schüssel geben, kräftig vermischen und mit Salz und Pfeffer abschmecken.

Kartoffelsalat
mit frischen Erbsen

800 g festkochende Kartoffeln

50 g Kürbiskerne

150 g frische, aus den Hülsen gelöste Erbsen (oder TK-Erbsen)

2 rote Zwiebeln

10 Stiele frische Petersilie

5 EL Olivenöl

die Blättchen von je zwei Stielen Majoran und Oregano

2 EL Kürbiskernöl

Salz und Pfeffer zum Abschmecken

80 g frisch gehobelter Parmesan

1 Die Kartoffeln mit Schale in etwas Salzwasser ca. 20 bis 25 Minuten garen. Abgießen, etwas abkühlen lassen, dann pellen und in Spalten schneiden.

2 Die Kürbiskerne in einer Pfanne ohne Fett anrösten.

3 Die Erbsen in etwas Salzwasser ca. 3 Minuten kochen, abgießen und abschrecken. (TK-Erbsen nach Packungsangabe garen.)

4 Die Zwiebeln abziehen und in feine Würfel schneiden.

5 Das Olivenöl in einer Pfanne erhitzen und die Kartoffelspalten darin kross anbraten, dann die Zwiebelwürfel zugeben und glasig mitdünsten. Die Petersilie grob hacken.

6 Die Kartoffeln in eine Schüssel geben und kräftig salzen und pfeffern. Die Majoran- und Oregano-Blättchen, die Erbsen, das Kürbiskernöl sowie die Petersilie zugeben und alles gut vermischen. Zum Schluss den Kartoffelsalat mit dem frischen Parmesan bestreuen.

Ein Tribut an meine Heimat: Handkäs-Romana-Salat

150 ml Apfelwein

100 ml Apfelsaft

1 TL Rohrzucker

1 TL grobkörniger süßer Senf

5 EL Olivenöl

½ TL Salz

2 Radieschen

1 Apfel

4 Rollen Handkäse

2 Romana-Salatherzen

1 EL Ghee

1 Schälchen Gartenkresse

1 Für das Dressing den Apfelwein mit dem Apfelsaft und dem Zucker in einem Topf vermischen, aufkochen und auf die Hälfte einköcheln lassen. Den Senf, das Olivenöl sowie das Salz zugeben und mit einem Schneebesen sämig schlagen.

2 Die Radieschen waschen, putzen und fein würfeln. Den Apfel waschen, entkernen und in Spalten schneiden. Den Handkäs in Achtel schneiden. Die Salatherzen waschen und vierteln.

3 Das Ghee in einer Pfanne erhitzen und die Salatviertel darin etwa 1 Minute kräftig anbraten. Dann die Apfel- und Radieschenstücke zugeben und für 2 Minuten mitdünsten.

4 Den Salat in eine Schüssel geben, die Handkäsestücke zugeben, mit dem Dressing beträufeln und reichlich abgeschnittene Kresse darüberstreuen.

Der gute Handkäs ist ein Stück hessischer Kultur, quasi Heimat zum Reinbeißen. Für alle, die einen Ausflug in den schönen Odenwald machen, ist er obligatorisch – zusammen mit einem Gläschen Äbbelwoi.
Handkäs wird, wie der Name schon sagt, mit der Hand hergestellt. Man verquirlt Sauermilchquark mit Natron und Salz, formt kleine runde Laibe, lässt sie zwei Tage reifen und besprüht sie noch mit etwas Salzlauge.
Handkäs ist übrigens auch was für Figurbewusste, denn bei einem Eiweißgehalt von über 25 % liegt sein Fettanteil bei nur 1 %!

Sonnengereiftes warm auf den Teller

SONNENGÖTTERSPEISEN

Gefüllte Kräuter-Tomaten

4 reife Fleischtomaten

1 TL Salz

1 helles Brötchen

1 rote Zwiebel

2 Zweige Thymian

2 EL Petersilie

5 EL Olivenöl

100 g Ziegenfeta-Käse

schwarzer Pfeffer
zum Abschmecken

1 Die Tomaten waschen, einen »Deckel« abschneiden und die Früchte aushöhlen. Die Innenseiten mit etwas Salz bestreuen und ca. 10 Minuten ziehen lassen. Dann die Tomaten umdrehen und austropfen lassen.

2 Inzwischen das Brötchen in Würfel schneiden. Die Zwiebel abziehen und ebenfalls in feine Würfel schneiden. Die Blättchen von den Thymianzweigen abzupfen. Die Petersilie grob hacken.

3 Den Ofen auf 200 Grad vorheizen.

4 2 EL Öl in einer Pfanne erhitzen und die Brotwürfel darin goldbraun anrösten. Die Zwiebel zugeben und glasig andünsten.

5 Die Kräuter zugeben, den Käse in die Pfanne bröseln und alles gut vermischen.

6 Die Käsemasse in die Tomaten füllen, diese in eine Auflaufform setzen, mit dem restlichen Öl beträufeln und auf mittlerer Schiene für 15 Minuten in den Ofen stellen.

TIPP

Achten Sie bei der Ernte und beim Kauf stets auf den Reifegrad der Tomaten, denn nur sonnengereifte Tomaten besitzen das volle Aroma. Für dieses Rezept müssen sie außerdem für das Aushöhlen und Befüllen fest genug und schön prall sein.

Herzhafter Grießbrei mit Rucola und Pfirsich-Minze-Dressing

FÜR DEN GRIESSBREI:

1 Bund Lauchzwiebeln

1 Zucchini

1 Karotte

4 EL Olivenöl

½ TL Kurkumapulver

1 TL edelsüßes Paprikapulver

700 ml Gemüsebrühe (Seite 68)

150 g Dinkelgrieß

Salz und Pfeffer zum Abschmecken

FÜR DEN SALAT UND
DAS DRESSING:

100 g Rucola (im Winter und
Frühjahr Winterportulak/Postelein)

1 Pfirsich oder 1 Birne

200 ml Olivenöl

1 TL Honig

1 TL süßer Senf

Saft einer frisch gepressten Orange

½ TL Salz

10 Blättchen Minze

1 EL zerstoßene schwarze
Pfefferkörner

Parmesan oder Feta-Ziegenkäse

1 Das Gemüse waschen. Die Lauchzwiebeln in Ringe und die Zucchini in Würfel schneiden. Die Karotte schälen und ebenfalls würfeln.

2 Das Öl in einem Topf erhitzen, die Gewürze zugeben und das Gemüse darin glasig dünsten.

3 Nun die Gemüsebrühe zugießen und alles aufkochen lassen.

4 Die Hitze ausschalten und den Grieß mit einem gelochten Löffel langsam, aber stetig einrühren. Unter weiterem Rühren zu einer cremigen Masse anziehen lassen. Den Grießbrei dann auf vier Schälchen verteilen.

5 Den Rucola (oder Winterportulak) kurz waschen und die Blätter gut trockenschleudern.

6 Für das Dressing den Pfirsich waschen, halbieren, entkernen und in einem hohen Gefäß zusammen mit den anderen Zutaten sämig pürieren.

7 Den Salat auf dem Grieß verteilen, mit dem Dressing beträufeln und darüber den geriebenen Parmesan oder zerkrümelten Feta streuen.

Strammer Max mit Fenchel und Orangen-Leinöl-Dressing

4 Scheiben Bauernbrot

Ghee zum Bestreichen und Ausbacken

1 große Fenchelknolle

4 Radieschen

4 EL Orangensaft

6 EL Leinöl

2 EL Waldhonig

½ TL Salz

Blättchen von 2 Zweigen Kerbel

4 Eier

etwas grobes Meersalz und Pfeffer aus der Mühle

1 Den Backofen auf 160 Grad vorheizen. Das Brot mit etwas Ghee bestreichen, auf ein Backblech legen und für 5 Minuten in den Ofen schieben.

2 Den Fenchel waschen, die grünen Stiele abschneiden (für eine Gemüsebrühe verwenden) und die Knolle mit einem scharfen Messer oder einer Aufschnittmaschine in feine Scheiben schneiden.

3 Die Radieschen putzen, waschen, abtrocknen und in kleine Würfel schneiden.

4 Für das Dressing den Orangensaft, das Leinöl, den Honig und das Salz in ein hohes Gefäß geben und mit dem Pürierstab sämig verarbeiten. Anschließend die Kerbelblättchen und die Radieschenwürfel unterrühren.

5 Die Eier in etwas Ghee als Spiegeleier ausbacken.

6 Die Fenchelscheiben auf dem Brot verteilen, das Dressing darüberträufeln, jeweils ein Ei auflegen und mit dem groben Salz sowie Pfeffer würzen.

Gedämpfter Kräuter-Fenchel mit Haselnuss-Zitronen-Butter

4 Fenchelknollen
1 Bund Estragon
1 Bund Kerbel
4 Schalotten
2 EL Olivenöl
200 ml Gemüsebrühe (Seite 68)
1 TL Salz und Pfeffer
1 EL Rohrzucker
1 Orange
50 g Haselnüsse
1 Bio-Zitrone (ungespritzt)
150 g Butter (oder Öl)

1 Den Fenchel waschen, Fenchelgrün und Stiele entfernen (zum Beispiel für Rezept Seite 92 bzw. Gemüsebrühe verwenden) und die Knolle in 1 cm dicke Scheiben schneiden. Estragon und Kerbel fein hacken.

2 Die Schalotten abziehen, in feine Würfel schneiden und in einem Schmortopf (oder einer großen Pfanne mit Deckel) im Olivenöl glasig andünsten. Mit der Gemüsebrühe ablöschen. Den Fenchel gleichmäßig im Topf verteilen, mit Salz, Pfeffer und Zucker würzen.

3 Die Orange waschen, in Scheiben schneiden und zusammen mit den Kräutern auf dem Fenchel verteilen. Nun den Deckel auf den Topf setzen und alles maximal 12 Minuten bissfest garen.

4 In der Zwischenzeit die Haselnüsse in einer Pfanne ohne Fett anrösten und grob hacken. Die Zitrone waschen und ihre Schale abreiben.

5 Die Butter (oder das Öl) zerlassen und leicht anbräunen lassen. Abschließend die angerösteten Haselnüsse sowie die geriebene Zitronenschale zugeben und über dem Fenchel verteilen.

Gemüse-Kokos-Curry
mit Zucchini-Rosinen-Reis

FÜR DAS CURRY:

1 rote Zwiebel

2 Stangen Zitronengras

300 g grüner Spargel

1 Staudensellerie

1 rote Paprika

2 TL Koriander

2 TL Kreuzkümmel

2 EL Ghee (oder Olivenöl)

3 TL Currypulver

1 TL Kurkumapulver

1 EL frischer gehackter Ingwer

1 TL Salz

400 ml Kokosmilch

FÜR DEN REIS:

1 Tasse Basmati-Reis

2 Schalotten

200 g Zucchini

1 EL Ghee (oder Olivenöl)

1 ½ Tassen Wasser

1 TL Salz

50 g Rosinen

50 g gehobelte Mandeln

1 Für das Curry die Zwiebel abziehen und in Würfel schneiden. Das Zitronengras fein hacken. Das Gemüse waschen. Die Spargelenden abschneiden und die Stangen dritteln. Die Staudensellerie in fingerdicke Stücke schneiden. Die Paprika entkernen und klein würfeln.

2 Koriander und Kreuzkümmel im Mörser grob zerstoßen. Das Ghee (oder Öl) in einem Topf erhitzen. Zwiebel, Zitronengras und die Gewürze zugeben, den Ingwer darin glasig anschwitzen.

3 Das Gemüse und Salz zugeben, alles kräftig verrühren. Die Kokosmilch zugießen und bei geschlossenem Deckel 20 bis 25 Minuten ziehen lassen.

4 Für den Reis den Basmati-Reis gründlich unter fließendem Wasser waschen. Die Schalotten abziehen und in Würfel schneiden. Die Zucchini waschen und ebenfalls in Würfel schneiden.

5 In einem Topf das Ghee (oder Öl) erhitzen, dann den Reis, die Schalotten und die Zucchiniwürfel darin glasig andünsten.

6 Das Wasser und das Salz zugeben, einmal kurz aufkochen lassen und die Rosinen zugeben. Dann alles gut verrühren und den Reis 12 bis 15 Minuten auf mittlerer Hitze ziehen lassen.

7 Anschließend den Reis vom Herd nehmen, den Deckel mit einem Küchentuch umwickeln und den Reis noch 5 Minuten abgedeckt ruhen lassen. Zum Schluss mit den Mandelblättchen bestreuen.

Oma Mehls
eingemachtes Gemüse

ERGIBT ETWA 2 LITER:

3 Karotten

1 weißer Rettich

2 Rote Beten

2 Salatgurken

2 Bund frischer Dill

1 Bund Petersilie

3 EL Gurken-Einmachgewürz

1 TL schwarze Pfefferkörner

350 ml Weißweinessig

200 ml Wasser

200 ml Agavendicksaft

8 Einmachgläser à 250 ml,
heiß ausgespült

1 Die Karotten, den Rettich sowie die Roten Beten waschen und schälen. Die Gurken waschen, der Länge nach halbieren und die Kerne mit einem Löffel herauskratzen. Alle Gemüse auf einem Gemüsehobel in dünne Streifen schneiden. Den Dill und die Petersilie grob hacken.

2 Das Gemüse und die Kräuter schichtweise zusammen mit dem Einmachgewürz und dem Pfeffer in die sterilisierten Einmachgläser einfüllen.

3 Den Essig mit dem Wasser und Agavendicksaft in einen Topf geben und 5 Minuten lang sprudelnd kochen lassen.

4 Den heißen Sud über das Gemüse gießen, die Gläser fest verschließen, auskühlen lassen und im Kühlschrank aufbewahren.

TIPP

Eingemachtes Gemüse ist ein wunderbarer Snack fürs spontane Picknick to go, als Ergänzung zum Brunch oder als Beitrag fürs Party-Buffet. Gekühlt hält es sich lange Zeit. Als meine Oma Elisabeth, Gott hab sie selig, gestorben ist, haben wir Eingemachtes im Keller gefunden, das schon lange den Geburtsschein verloren hatte. 10 Jahre alte Bohnen und 15 Jahre alte Marmelade, kein Problem ... Aus Erfahrung würde ich das Gemüse aber maximal für eine Saison einkochen!

Süßes satt!

SWEET SUMMERDREAMS
ARE MADE OF FRUITS

Pflaumen-Rhabarber-Kuchen

500 g Pflaumen

2 Rhabarberstangen

250 g weiche Butter

200 g Puderzucker

4 Eier (Raumtemperatur)

250 g Weizenmehl Type 405

100 g gemahlene Mandeln

1 TL Natronpulver

1 Die Pflaumen waschen, entkernen und in Spalten schneiden. Die dicke Haut des Rhabarbers abziehen und die Stangen in fingerdicke Stücke schneiden.

2 Die Butter und den Puderzucker in eine Schüssel geben und mit dem Handrührgerät schaumig rühren. Die Eier nacheinander zugeben und das Ganze zu einer cremigen Masse verrühren.

3 Nun das Mehl, die Mandeln und das Natronpulver in die Schüssel geben und mit einem Teigschaber unterheben.

4 Den Ofen auf 180 Grad vorheizen.

5 Die Teigmasse auf ein mit Backpapier belegtes Blech streichen und mit dem Obst bunt belegen. Den Kuchen 35 Minuten lang im Ofen backen.

Auch süße Äpfel, Pfirsiche, Aprikosen oder Birnen eignen sich für den schnellen Kuchen in Kombination mit dem säuerlich schmeckenden Rharbarber. Probieren Sie's aus!

Blaubeer-Kokos-Kuchen
mit frischem Honig-Minze-Pesto

250 g weiche Butter

200 g Puderzucker

4 Eier (Raumtemperatur)

250 g Weizenmehl Type 405

100 g Kokosflocken

1 TL Natronpulver

200 g Blaubeeren

FÜR DAS PESTO

Blätter von 5 Zweigen frischer Minze

100 ml mildes Olivenöl

1 EL Honig

⅓ TL Salz

Saft einer halben Limette

1 Die Butter und den Puderzucker in eine Schüssel geben und mit dem Handrührgerät schaumig rühren. Die Eier nacheinander zugeben und das Ganze zu einer cremigen Masse verrühren.

2 Das Mehl, die Kokosflocken und das Natronpulver zugeben und mit dem Rührgerät verkneten. Zum Schluss die Blaubeeren vorsichtig mit einem Teigschaber unterheben, ohne sie zu beschädigen!

3 Den Ofen auf 180 Grad vorheizen.

4 Die Teigmasse auf ein mit Backpapier ausgelegtes Blech streichen und mit dem Obst belegen. Den Kuchen 35 Minuten im Ofen backen.

5 Für das Pesto: Alle Zutaten in einem hohen Gefäß sämig pürieren. Vor dem Servieren gleichmäßig über den Kuchen träufeln.

Süße Pfirsich-Kokos-Pizza
mit frischer Minze

FÜR DEN HEFETEIG:

½ Würfel Frischhefe

250 ml lauwarme Milch

60 g feiner Rohrzucker

2 EL zimmerwarmes Ghee

400 g Weizenmehl Type 405

½ TL Salz

100 g Kokosflocken

FÜR DEN BELAG:

350 g reife Pfirsiche

1 EL Puderzucker

2 Kugeln Mozzarella

15 Minzeblättchen

1 In einer großen Schüssel die Hefe in der lauwarmen Milch auflösen, Zucker und Ghee hinzufügen und alles schaumig aufschlagen.

2 Das Mehl dazusieben, das Salz und die Kokosflocken zugeben und alles zu einem geschmeidigen Teig verkneten. Den Teig ca. 30 Minuten lang abgedeckt auf der Heizung gehen lassen.

3 Danach den Teig noch mal kurz durchkneten, in vier Teile teilen, Kugeln daraus formen und weitere 15 Minuten abgedeckt gehen lassen.

4 Den Ofen auf 250 Grad vorheizen.

5 Die Pfirsiche waschen und entkernen. 4 Pfirsiche in dünne Spalten schneiden und beiseitelegen.

6 Den Rest der Früchte in Stücke schneiden, zusammen mit dem Puderzucker in einen Topf geben und 10 Minuten bei mittlerer Hitze köcheln lassen. Anschließend zu einem Fruchtmus pürieren.

7 Den Mozzarella gut abtropfen lassen und in Streifen schneiden.

8 Die vier Teigkugeln flach ausrollen und auf ein mit Backpapier belegtes Blech geben. Den Teig mit der Pfirsichmasse bestreichen und mit dem Mozzarella belegen. Anschließend in 8 bis 10 Minuten im Ofen kross backen.

9 Zum Schluss die Pfirsichspalten auf den Pizzen verteilen und mit den klein gezupften Minzblättern bestreuen.

Mirabellen-Kirsch-Zitronengras-Konfitüre

2 Stangen Zitronengras

600 g Mirabellen

600 g Süßkirschen

500 g Gelierzucker (2:1)

6 Schraubgläser à 250 ml, heiß ausgespült

1 Die Zitronengras-Stangen möglichst fein hacken. Die Mirabellen und die Kirschen waschen und entkernen.

2 Die Früchte und das Zitronengras in einem Topf mit dem Gelierzucker mischen und alles 15 Minuten lang auf dem Herd bei kleiner Hitze durchziehen lassen.

3 Die Masse bis zur gewünschten Konsistenz pürieren, aufkochen und anschließend 4 Minuten lang sprudelnd heiß kochen lassen.

4 Die heiße Konfitüre randvoll in die heiß ausgespülten Schraubgläser füllen. Die Gläser fest verschließen und zum Auskühlen auf den Kopf stellen. Abschließend mit Datum und Marmeladensorte beschriften.

Statt Mirabellen passen auch Pflaumen sehr gut zu dieser Kombination. Wählen Sie reife, vollaromatische Früchte aus, die den Geschmack des Sommers ins Einmachglas bringen!

Herbst

EIN FEUERWERK AN FARBEN
UND EIN KORB VOLLER FRÜCHTE

Der Herbst stürmt heran

… UND DIE SCHATTEN WERDEN WIEDER LÄNGER.
»VOM BAUM DES LEBENS FÄLLT MIR BLATT UM BLATT.
O TAUMELBUNTE WELT, WIE MACHST DU SATT.
WIE MACHST DU SATT UND MÜD. WIE MACHST DU TRUNKEN!«
HERMANN HESSE BRINGT IN SEINEM GEDICHT
»VERGÄNGLICHKEIT« DIE **HERBSTLICHE GEMÜTSVERFASSUNG**
DER NORDEUROPÄISCHEN DURCHSCHNITTSSEELE
AUF DEN SENSIBLEN PUNKT. DIESE ZEIT DES ÜBERGANGS
STIMMT, NACH DEM EUPHORISCHEN JUBEL-
GEZWITSCHER DES SOMMERS, **EHER MELANCHOLISCHE TÖNE**
À LA RILKE AN: »WER JETZT KEIN HAUS HAT,
BAUT SICH KEINES MEHR.«

Gärtnern im Herbst

STURM UND TATENDRANG

Die Saison ist beendet. Auch die Eisdielen schließen. Auf den Fluren werden die Winde losgelassen, und die Zugvögel heben zum Langstreckenflug in warme Gefilde ab. Zeit, die Gartenmöbel und Töpfe einzumotten, die letzten Früchte zu ernten und den Garten winterfest zu machen.

Wer jetzt einen Garten hat ...

Die Gummistiefel und der wollene Rollkragenpullover müssen wieder her. In der Küche wird der Herd angeworfen und im Kamin das Feuer entfacht. Doch noch immer gibt's draußen einiges an Arbeit.

Garten-Kehraus

- **Pflanzen zurückschneiden:** Kranke oder befallene Gewächse werden gestutzt und die Pflanzenteile entsorgt. Gesunde Stauden bleiben: Sie schützen den Wurzelbereich vor dem Frost. Die Halme dienen Insekten als Winterquartier, die Samen den Vögeln als Futter.
- **Kräuterlese:** Mit der letzten Ernte werden mehrjährige Kräuter gleich zurückgeschnitten. Für Wurzeln mancher Heilpflanzen wie Beinwell ist jetzt Erntezeit.
- **Letzte Ernte:** Früchte und Fruchtgemüse wie Kürbisse vor dem ersten Frost ernten. Falls sie doch Frost abbekommen: vor dem Pflücken auftauen lassen. Spätkartoffeln können bis Ende Oktober aus dem Boden geklaubt werden. Sammeln Sie Hasel- und Walnüsse rechtzeitig, ehe sich die Eichhörnchen über diesen Schatz hermachen.
- **Umgraben ist tabu:** Durch Umgraben würden in dieser Phase der natürliche Aufbau und das Leben im Boden gestört oder gar zerstört. Damit das Bodenper-

sonal den Humus pflanzentauglich zersetzen kann, braucht es den nötigen Tiefgang. Zudem fördert das Umgraben unerwünschte Unkrautsamen zutage.

- **Laub liegen lassen:** Vom Rasen sollten herabgefallene Blätter entfernt werden, aber auf Beeten bildet gesundes Laub eine natürliche und wertvolle Mulchschicht. Nur Walnuss- und Eichenblätter eignen sich dazu nicht, da sie schlecht verrotten! Haufen aus Gehölzschnitt und Laub sind ein guter Unterschlupf für Gartennützlinge wie Igel, Frösche und Eidechsen.

Frostfest & wohlversorgt

- **Empfindliches vor Frost schützen:** Sobald sich Väterchen Frost ankündigt, benötigen empfindliche und frisch gepflanzte Stauden Schutz. Die idealen Materialien sind Laub und Fichtenreisig, auch Filzmatten, Stroh und Vliese.

- **Kübelpflanzen evakuieren:** Vor dem ersten Frost müssen kälteempfindliche Kübelpflanzen ins Winterquartier gebracht werden – einziehende Stauden zum Beispiel in einen trockenen, kühlen Keller oder frostfreien Dachboden, weiterwachsende Stauden / Kräuter zum Beispiel in den Wintergarten oder auf die Fensterbank. Viele Gärtnereien nehmen Kübelpflanzen-Gäste auf.

- **Wasserrohre vor Frost schützen:** Unbedingt darauf achten, dass alle Wasserleitungen im Freien abgedreht sind. Bei starkem Frost können sonst die Rohre platzen. Auch aus Regentonnen und Springbrunnen sollte das Wasser jetzt abgelassen werden, um Frostschäden zu vermeiden.

- **Aufräumen:** Alle Geräte, Schubkarren, Rasenmäher, Töpfe etc. noch einmal richtig sauber machen, bevor sie für den Winter eingeräumt werden.

Die Erntedankfeier

GOTT SEI DANK!

Der mit Laub, Regen und Kastanienhagel einfallende Herbst löst nicht nur Melancholie und Fernreisesehnsucht aus, sondern auch Dankbarkeit für das Füllhorn von Mutter Natur.

Die Früchte der Arbeit genießen

Das Erntedankfest ist eines der ältesten Feste überhaupt und wurde bereits von vorchristlichen Religionen zelebriert. Auch im Judentum und in römischen Kulten huldigten die Menschen im Herbst der Natur und ihren reichen Gaben. Zu jener Zeit bestritt die Mehrheit der Bevölkerung ihre Existenz als Bauern und war während des Winters auf die eingebrachte Ernte angewiesen: Die unmittelbare Abhängigkeit von Mutter Natur schuf eine tiefe Dankbarkeit für ihre Geschenke. Das Verständnis dafür, dass das »täglich Brot« hart erarbeitet werden muss, ist mit der Industrialisierung und ihren Folgen für die Gesellschaft zunehmend in den Hintergrund geraten. Die in unseren Breiten gefeierte Form des Erntedankfestes existiert seit dem 3. Jahrhundert n. Chr.

Christliche Bräuche

In den katholischen und evangelischen Kirchen wird das Erntedankfest um den Michaelistag Ende September oder Anfang Oktober begangen. Eine Fülle von frisch geernteten Früchten aus der Natur wird Gott, dem Schöpfer aller Gaben, symbolisch auf dem Altar geopfert. Erntekronen werden aus Getreideähren geflochten, mit Feldfrüchten geschmückt und während einer Prozession vorangetragen. Manche Gemeinden feiern die eingebrachte Ernte mit Tanzfesten, großen Tafeln oder Jahrmärkten. In vergangenen Zeiten belohnten die Gutsherren ihre Bediensteten mit einem Erntefest für die harte Arbeit auf dem Land und Hof. Die Erntegaben, zu denen auch Wein und Honig zählen, werden nach dem Fest in manchen Gemeinden an Bedürftige verteilt. Die Tafel – egal ob für Arm oder Reich – bringt die Menschen zusammen, symbolisiert und erinnert daran, dass wir nur in der Verbindung mit der Natur und miteinander existieren können.

Herbstliche Einladung

Feiern Sie Ihre eigene Ernte oder einfach die prachtvolle Natur, und laden Sie Ihre Freunde zum letzten Gartenfest in diesem Jahr ein.
Rechtzeitig planen als passenden Auftakt: Große Herbstblätter bei einem Spaziergang in einer herbstlich bunten Baumallee sammeln, pressen, trocknen – und als Einladung mit dem einsetzenden Herbstwind verschicken.

Saisonkalender: Herbst

ENDE SEPTEMBER BIS ENDE NOVEMBER

Heimische Gemüse und Früchte der Saison –
wann es was aus dem Freiland gibt, kann je nach Gegend sehr variieren

SALAT:	Frisch vom Freiland	Aus dem Gewächshaus	Später aus dem Lager
Endivie	✖		
Radicchio	✖		
Feldsalat	✖		
Postelein/Winterportulak	✖		
Chicorée	✖		
GEMÜSE:			
Blumenkohl	✖		
Chinakohl	✖		
Grünkohl	✖		
Kartoffeln*	✖		✖
Kohlrabi	✖	✖	
Kürbis*	✖		✖
Lauchzwiebel	✖		
Möhren*	✖		✖
Pastinaken*	✖		✖
Petersilienwurzel*	✖		✖
Porree	✖		
Radieschen		✖	
Rettich*	✖		✖
Rosenkohl	✖		
Rote Bete*	✖		✖
Rotkohl*	✖		✖

GEMÜSE:	Frisch vom Freiland	Aus dem Gewächshaus	Später aus dem Lager
Schwarzwurzeln*	✖		✖
Sellerie*	✖		✖
Steckrüben*	✖		✖
Weißkohl*	✖		✖
Wirsing	✖		
Zwiebeln, Schalotten			✖
OBST:			
Äpfel	✖		
Birnen	✖		
Quitten	✖		
NÜSSE:			
Haselnüsse	✖		
Maronen	✖		
Walnüsse	✖		

* zu Beginn frisch,
   später als Lagerware

Inspired by nature

DAS HAUS HERBSTLICH BUNT SCHMÜCKEN

Blättermobile »Vom Winde verweht«

10–15 Herbstblätter

kleiner Ast, Bindfaden, Klebstoff

1 Vorab: Verschiedene Herbstblätter unterschiedlicher Größe und Farben sammeln, pressen und trocknen.

2 Den Ast säubern und trocknen. Bindfäden in unterschiedliche Längen schneiden.

3 An jedem Blatt knapp unterhalb des Stielansatzes das Ende eines Bindfadens mit einem Tropfen Klebstoff befestigen. Trocknen lassen.

4 Die Bindfäden mit den Blättern in gleichmäßigen Abständen an den Ast knoten. Das Mobile am Fenster, an der Wand oder frei im Raum aufhängen.

Bunte Blättergirlande »Windy«

Herbstlaub

Rosendraht, 2 kleine Pappscheiben, bunte Bänder für Schleifen

1 Vorab: Herbstblätter von unterschiedlicher Farbe und Form sammeln, pressen und trocknen.

2 Anschließend die Blätter auf Rosendraht nacheinander aufreihen.

3 An den Enden des Drahtes jeweils eine kleine Pappscheibe befestigen, damit die Blätter nicht herunterrutschen.

4 Schleifen an den beiden Enden anbringen und über der Tür oder an der Wand aufhängen.

Ausgehöhlter Kürbis »Dickkopf«

Großer reifer Kürbis

scharfes Messer, Löffel oder Eisportionierer

1 Etwa acht Wochen vor dem Schnitzen mit dem Trocknen beginnen: Kürbis waschen und an einem trockenen, gut belüfteten Ort lagern.

2 Fürs Schnitzen zunächst einen Deckel vom Kürbis abschneiden. Dann den Kürbis mit einem großen Löffel oder Eisportionierer behutsam bis auf einen etwa zwei Zentimeter dicken Rand aushöhlen. Das Fruchtfleisch für ein Chutney oder eine Suppe verwenden.

3 Ein Gesicht nach Laune und Eingebung herausschnitzen. Teelicht oder Kerze hineinstellen, draußen am besten windgeschützt in einem Marmeladenglas.

Etwas Warmes
braucht der Mensch!

DAS BLATT WENDET SICH: DRAUSSEN WIRD'S
FRISCHER, FEUCHTER UND FRÜHER DUNKEL.
DIE NATUR LEGT ALLMÄHLICH IHR BUNTES BLÄTTERKLEID
AB, UND WIR ZIEHEN DIE DICKEN PULLIS AN.
AUCH IN PUNCTO ERNÄHRUNG STEHT EIN WENDEPUNKT AN.
DIE SPEISEN WERDEN GEHALTVOLLER, DAMIT SIE DEN
ORGANISMUS NÄHREN, WÄRMEN UND IM GRÜNEN BEREICH
HALTEN. ALSO RUHIG EINEN **ZUSÄTZLICHEN LÖFFEL ÖL,**
SAHNE ODER BUTTER ANS EINGEMACHTE GEBEN:
LASSEN SIE SICH'S SCHMECKEN!

Herbstsause mit Brause, Jause & Co.

DRINNEN WIRD WEITERGEFEIERT

Brause für stürmische Zeiten

Rosmarin-Apfel-Limo

3 Äpfel (Boskop)

1,5 l Apfelsaft

3 Zweige Rosmarin

Saft von 1 Zitrone

3 EL Agavendicksaft

Mineralwasser zum Auffüllen

1 Die Äpfel waschen und achteln.

2 Den Saft zum Kochen bringen. Alle weiteren Zutaten zugeben und 5 Minuten kochen lassen. Dann den Topf vom Herd nehmen und den Sud 24 Stunden abgedeckt ziehen lassen.

3 Den Rosmarin aus dem Sud nehmen. Anschließend alles kräftig pürieren, durch ein grobes Sieb gießen, in Gläser geben und mit etwas Mineralwasser auffüllen. Wer möchte, kann mit etwas Agavendicksaft nachsüßen.

Zimt-Apfel-Birnen-Limo

1 l Apfelsaft

1 l Birnensaft

2 Stangen Zimt

3 Sternanis

4 Kardamomkapseln

1 Zweig Rosmarin

Mineralwasser zum Auffüllen

1 Alle Zutaten in einen Topf geben, kurz aufkochen lassen und danach abgedeckt über Nacht ziehen lassen.

2 Anschließend durch ein Sieb abseihen, in Gläser geben und mit etwas Mineralwasser auffüllen.

Ingwer-Kürbis-Mus

1 kg Kürbis – Butternut oder
Hokkaido

1 grüne Chilischote

2 EL Ghee (oder Olivenöl)

1 EL frischer gehackter Ingwer

1 TL Zimt

2 EL Rohrzucker

Saft und die abgeriebene Schale
von 2 Limetten

200 ml Gemüsebrühe (Seite 68)

Salz zum Abschmecken

1 Den Kürbis halbieren und entkernen (den Butternut-Kürbis auch schälen) und in kleine Würfel schneiden. Die Chili fein hacken.

2 Das Ghee oder Öl in einem Topf erhitzen, die Chili, den Ingwer, Zimt und Zucker zugeben und in 3 Minuten glasig dünsten.

3 Den Kürbis dazugeben und gut untermischen. Den Limettensaft und die Gemüsebrühe zugießen und alles abgedeckt unter gelegentlichem Rühren 20 Minuten köcheln lassen.

4 Zum Schluss mit einem Kartoffelstampfer zu einem cremigen Mus zerstampfen, mit Salz abschmecken und die Limettenschale untermischen.

TIPP

Das Mus und das Curry (rechts) passen gut zu dem Kürbis-Ingwer-Curry-Brot auf der nächsten Seite. Oder Sie servieren Chapatis als Löffelersatz dazu – das Rezept finden Sie auf Seite 69.

Schnelles Linsen-Wirsing-Curry

200 g rote Linsen

1 kleiner Wirsing, ca. 500 g

1 grüne Chilischote

1 EL Ghee (oder Olivenöl)

1 TL gehackter Ingwer

1 EL Currypulver

200 ml Tomaten-Passata

400 ml Kokosmilch

400 ml Gemüsebrühe (Seite 68)

1 Die Linsen mehrmals waschen, bis das Wasser klar ist.

2 Den Wirsing vierteln, den Mittelstrunk entfernen (aufheben für Gemüsebrühe) und die Blätter in fingerdicke Streifen schneiden. Die Chilischote entkernen und fein hacken.

3 Das Ghee oder Öl in einem Topf erhitzen, den Ingwer und den Chili darin etwa drei Minuten glasig dünsten.

4 Das Currypulver, die Linsen sowie die Wirsingstreifen zugeben und alles gut vermischen. Die Tomaten-Passata, Kokosmilch und Gemüsebrühe zugießen und das Curry ca. 25 Minuten bei mittlerer Hitze köcheln lassen.

Auf Seite 183 ist das Curry abgebildet.

TIPP

Wirsingblätter besitzen einen harten Mittelgrat. Er lässt sich prima vom weichen Blattanteil herausschneiden, dann in feine Würfel schneiden und anbraten. Anschließend die in feine Streifen geschnittenen weichen Blattteile dazugeben und mitdünsten.

Herzhafte Sättigungsbeilage: Kürbis-Ingwer-Curry-Brot

1 kleiner Kürbis, 500 g – Hokkaido oder Butternut/Butternuss

5 EL Olivenöl

2 TL Curry

1 EL frischer, gehackter Ingwer

1 Würfel Frischhefe

2 EL Agavendicksaft

500 g Weizenmehl Type 405

2 Eier (oder 2 TL Sojamehl mit 80 ml Sojamilch verrührt)

150 ml lauwarmes Wasser

100 g Kürbiskerne

1 EL Salz

100 ml Olivenöl

1 Den Ofen auf 200 Grad vorheizen. Den Kürbis halbieren und entkernen (den Butternut-Kürbis auch schälen), in kleine Stücke schneiden und in einer Schüssel mit dem Olivenöl, Curry und Ingwer mischen.

2 Die Kürbisstücke in eine Auflaufform geben und ca. 30 bis 35 Minuten backen, bis sie weich sind. Den Kürbis anschließend pürieren und 250 g davon abwiegen, der Rest kann bedenkenlos eingefroren werden!

3 Inzwischen die Hefe zusammen mit dem Agavendicksaft und 100 g Mehl aufrühren und 15 Minuten gehen lassen.

4 Die restlichen Zutaten untermischen, kräftig kneten, zu einer Kugel formen und abgedeckt an einem warmen Ort eine Stunde ruhen lassen.

5 Den Teig noch mal durchkneten, auf ein mit Backpapier ausgelegtes Backblech legen, mit Mehl bestäuben und abgedeckt nochmals 30 Minuten gehen lassen.

6 Inzwischen den Ofen auf 220 Grad vorheizen. Eine hitzefeste Tasse mit heißem Wasser auf den Backofenboden stellen und das Brot 50 bis 55 Minuten auf mittlerer Schiene backen

Das Rezept für das Linsen-Wirsing-Curry (im Bild vorn) finden Sie auf der vorigen Seite.

Kohlrabi-Birnen-Salat mit Ingwer-Dattel-Mus

FÜR DAS INGWER-DATTEL-MUS:

8 Datteln

300 ml weißer Traubensaft

2 TL gehackter Ingwer

2 Sternanis

1 TL Tamarindenpaste

FÜR DEN SALAT:

75 g Walnusskerne

2 Kohlrabi

1 Birne

4 EL Olivenöl

1 EL Sojasauce

1 EL Waldhonig (oder Agaven-dicksaft)

½ TL Salz

2 TL zerstoßene rosa Pfefferbeeren

1 Die Datteln in dem Traubensaft zusammen mit dem Ingwer und dem Sternanis aufkochen und 30 Minuten lang ziehen lassen. Danach den Sternanis entfernen, die Tamarindenpaste zugeben und alles gut pürieren.

2 Für den Salat die Walnüsse grob hacken und in einer Pfanne ohne Fett anrösten.

3 Die Kohlrabiknollen schälen, die Birne waschen, vierteln und entkernen. Beides mit einer Küchenreibe grob raspeln. In einer Schüssel zusammen mit den restlichen Zutaten gut durchmischen.

4 Den Salat auf Tellern anrichten, mit dem Ingwer-Dattel-Mus beträufeln und mit den gerösteten Walnüssen bestreuen.

Herbstliche Dressings

Kerbel-Kürbiskern-Dressing

2 EL Kürbiskerne

2 EL Kürbiskernöl

200 ml Olivenöl

150 ml Granatapfelsaft

3 Zweige Kerbel

Salz und Pfeffer zum Abschmecken

1 Die Kürbiskerne in einer Pfanne ohne Fett anrösten. Den Kerbel fein hacken.

2 Alle Zutaten mit einem Pürierstab zu einer sämigen Masse pürieren.

Bei Dressings empfehle ich immer, gleich etwas mehr herzustellen, da sie sich gekühlt und verschlossen gut einige Tage halten können.

Alle diese Dressings passen prima zu herbstlichen Salatsorten wie Feldsalat oder zu einem vitaminreichen Sprossenmix.

Orangen-Rosmarin-Balsamico-Essig

3 Bio-Orangen

2 TL Koriandersamen

2 EL Ahornsirup

300 ml weißer Balsamico-Essig

2 Zweige frischer Rosmarin

1 Die Orangen heiß abwaschen, dann die äußere Schale mit einem Sparschäler abschälen und die Orangen auspressen.

2 Die Koriandersamen in einem Mörser zerstoßen und in einen Topf geben, Ahornsirup hinzufügen und auf die Hälfte einkochen. Anschließend den Essig unterrühren.

3 Die Rosmarinzweige und Orangenschalen in eine passende Flasche geben, die Essigmischung zugeben und verschlossen an einem dunklen Ort mindestens eine Woche ziehen lassen.

Eingetopft und brühwarm angerichtet

MACHT WIND- & WETTERFEST!

Scharfe Kürbissuppe

1 Kürbis, ca. 800 g – Hokkaido oder Butternut/Butternuss

1 Bund Lauchzwiebeln

1 rote Chili-Schote

1 Bio-Orange

1 EL Ghee (oder Olivenöl)

2 TL frischer gehackter Ingwer

1 EL edelsüßes Paprikapulver

1 TL Kurkuma

1 l Gemüsebrühe (Seite 68)

2 EL Kürbiskerne

2 EL Ziegenfrischkäse

Salz und Pfeffer zum Abschmecken

1 Den Kürbis halbieren, entkernen (Butternut auch schälen) und in Stücke schneiden. Die Lauchzwiebeln waschen und in Ringe schneiden. Die Chilischote fein hacken, inklusive der Kerne.

2 Die Orange heiß abwaschen, die äußere Schale mit der Küchenreibe fein abreiben und die Frucht auspressen.

3 Das Ghee in einem Topf erhitzen. Die Lauchzwiebeln und den Ingwer darin glasig dünsten. Dann die Gewürze und den Kürbis zugeben, alles gut vermischen, mit der Brühe und dem Orangensaft aufgießen und aufkochen lassen. Danach die Hitze reduzieren und die Suppe abgedeckt ca. 20 Minuten köcheln lassen.

4 Inzwischen die Kürbiskerne in einer Pfanne ohne Fett anrösten.

5 Die fertige Suppe cremig pürieren und etwas abkühlen lassen. Die Orangenschale und den Frischkäse unterrühren, mit Salz und Pfeffer abschmecken und mit den Kürbiskernen bestreuen.

Herbstliche Flädlesuppe

FÜR DIE FLÄDLE:

½ Schale Kresse

3 EL Ghee

90 g Mehl

125 ml Milch

1 Ei (Größe L)

FÜR DIE SUPPE:

1 kg gemischtes Herbstgemüse (zum Beispiel Rote Bete, Kartoffeln, Kürbis, Kohl)

1 Bund Lauchzwiebeln

3 EL Olivenöl

4 Lorbeerblätter

2 Nelken

1,2 l Gemüsebrühe (Seite 68)

1 Bund Petersilie

1 Prise Salz und Pfeffer

⅓ TL gemahlene Muskatnuss

TIPP

Es empfiehlt sich, immer mit den Sorten anzufangen, die eine etwas längere Garzeit haben – wie Rote Bete, Kartoffeln, Kohlrabi und Sellerieknollen. Als Letztes sollten die Gemüse mit kurzer Garzeit zugegeben werden – wie Spitzkohl, Wirsing und Grünkohl.

1 Für die Flädle: Die Kresse fein hacken. 1 EL Ghee schmelzen. Dann zusammen mit Mehl, Milch, Ei und der gehackten Kresse in eine Schüssel geben und kräftig mit einem Schneebesen vermischen.

2 Das restliche Ghee nach und nach in eine Pfanne geben – nicht alles auf einmal, sonst schwimmt der Pfannkuchen im Fett! Mit einer kleinen Suppenkelle etwas Teig in die Pfanne geben und von beiden Seiten goldbraun ausbacken.

3 Die Pfannkuchen auskühlen lassen, aufrollen und in schmale Streifen schneiden.

4 Für die Suppe: Das Gemüse waschen, putzen, je nach Art schälen und dann in mundgerechte Stücke schneiden. Die Lauchzwiebeln waschen und in Ringe schneiden.

5 Das Öl in einem Topf erhitzen, die Lauchzwiebeln zugeben und 3 Minuten glasig dünsten.

6 Das Gemüse, die Lorbeerblätter sowie die Nelken zugeben und mit der Gemüsebrühe aufgießen. Je nach Gemüsesorte 20 bis 30 Minuten garen.

7 Zum Schluss die Petersilie hacken, zum Eintopf geben, die Flädle zugeben und abschließend mit Salz, Pfeffer und Muskat abschmecken.

Kürbis-Mandel-Gnocchi

ca. 1 kg Butternut-Kürbis

5 l leicht gesalzenes Wasser

100 g gemahlene Mandeln

180 g Mehl

2 Eier

80 g frisch geriebener Parmesan

1 TL Salz

2 TL zerstoßene rosa Pfefferbeeren

⅓ TL Muskat

frisch gehobelter Parmesan

1 Den Ofen auf 200 Grad vorheizen.

2 Den Kürbis halbieren, entkernen, schälen und in grobe Stücke schneiden. Diese auf ein mit Backpapier ausgelegtes Backblech legen und ca. 35 Minuten im Ofen backen.

3 Zwischenzeitlich das Salzwasser in einem großen Topf zum Kochen bringen.

4 Die gebackenen Kürbisstücke in ein hohes Gefäß geben und sämig pürieren. Mit allen restlichen Zutaten vermischen und mit einem Handrührgerät zu einem glatten Teig kneten.

5 Mit einem feuchten Teelöffel etwas von der Kürbismasse abstechen und in das siedende Wasser geben. Die Gnocchi so lange darin ziehen lassen, bis sie an die Oberfläche steigen, dann mit einer Schaumkelle herausheben und abtropfen lassen.

6 Vor dem Servieren mit etwas frisch gehobeltem Parmesan bestreuen.

Kräuter-Blumenkohl aus dem Ofen

Je 1 TL Kreuzkümmel-, Fenchel-, Anis- und Koriandersamen

1 TL Kurkumapulver

1 TL rosenscharfes Paprikapulver

1 Kopf Blumenkohl

200 ml Olivenöl

300 ml Gemüsebrühe (Seite 68)

1 Den Ofen auf 170 Grad vorheizen.

2 Eine Pfanne ohne Fett erhitzen und die Kräutersamen darin 30 Sekunden anrösten. Dann die Samen in einem Mörser zerstoßen.

3 Das Olivenöl und die Gewürze in eine Schüssel geben. Kurkuma und Paprika durch ein kleines Sieb darüberstreuen, damit es keine Klumpen im Öl gibt. Alles mit einem Schneebesen gut vermischen.

4 Den Blumenkohl waschen und dann mit dem Kopf nach unten in eine Auflaufform legen. Die Kräutermischung mit einem Löffel gleichmäßig zwischen den Röschen verteilen.

5 Die Gemüsebrühe zugießen und die Auflaufform für ca. eine Stunde in den Ofen stellen. Den Blumenkohl währenddessen 2- bis 3-mal mit etwas Gemüsebrühe beträufeln.

Blumenkohl ist eines meiner Lieblingsgemüse. Er sieht aus wie ein Lebensbaum, hat einen tollen Geschmack und behält sehr lange seinen Biss. Ich kann mich noch an Zeiten erinnern, da wurde er zu Matsch verkocht und in weißer Béchamelsoße ertränkt. So bitte nicht! Dieses Rezept ist eine Alternative, die den Eigengeschmack durch ein paar typische Ayurveda-Gewürze raffiniert unterstreicht.

Kohlrabi-Kartoffel-Eintopf
mit Backerbsen

400 g Kohlrabi

300 g Kartoffeln

300 g Karotten

300 g Spitzkohl

1 rote Zwiebel

3 EL Olivenöl

4 Lorbeerblätter

3 Wacholderbeeren

1,2 l heiße Gemüsebrühe
(Seite 68)

200 g Backerbsen

Salz und Pfeffer

1 Schale Gartenkresse

1 Den Kohlrabi, die Kartoffeln und die Karotten schälen und in mundgerechte Stücke schneiden. Den Spitzkohl putzen, die Mittelrippen herausschneiden und den Kohl in Streifen schneiden. Die Zwiebel abziehen und fein würfeln.

2 Das Öl in einem Topf erhitzen und die Zwiebel darin 3 Minuten glasig dünsten.

3 Das klein geschnittene Gemüse, die Lorbeerblätter und die Wacholderbeeren zugeben, mit der Brühe aufgießen, kurz aufkochen und bei mittlerer Hitze 15 Minuten köcheln lassen.

4 Den Kohl hinzugeben und weitere 15 Minuten köcheln lassen.

5 Kurz vor Schluss die Backerbsen zugeben und den Eintopf noch 3 Minuten ziehen lassen. Mit Salz und Pfeffer abschmecken. Die Kresse abschneiden und über den Eintopf streuen.

Kürbis-Birnen-Spitzkohl-Auflauf mit Béchamelsauce

FÜR DEN AUFLAUF:

ca. 1 kg Kürbis (Butternut/
Butternuss)

1 TL rosenscharfes Paprikapulver

100 ml Olivenöl

ca. 500 g Spitzkohl

3 l Salzwasser

250 g Mozzarella

1 Birne »Abate«

FÜR DIE BÉCHAMELSAUCE:

1 rote Zwiebel

50 g Butter

2 EL Mehl

300 ml Sojamilch

½ TL Salz

⅓ TL gemahlener Pfeffer

⅓ TL Muskat

2 Lorbeerblätter

1 TL grobes Meersalz

1 Den Kürbis halbieren, entkernen, schälen und in schmale Streifen schneiden. In einer Schüssel mit dem Paprikapulver und dem Öl vermischen.

2 Vom Spitzkohl die äußeren Blätter entfernen, den Kohl vierteln, den Strunkansatz herausschneiden und den Kohl in feine Streifen schneiden. In dem Salzwasser 3 Minuten blanchieren und danach in einer Schüssel mit kaltem Wasser abschrecken. Etwa 200 ml des Kochwassers auffangen.

3 Den Mozzarella in dünne Streifen schneiden. Die Birne waschen, vierteln, Stiel und Kerngehäuse entfernen und in ca. 12 Spalten schneiden.

4 Für die Sauce die Zwiebel abziehen und fein würfeln. Die Butter in einem Topf zerlassen und die Zwiebel darin glasig dünsten. Das Mehl zusieben, nach und nach die Sojamilch sowie das Kochwasser mit einem Schneebesen einrühren.

5 Die Sauce unter Rühren aufkochen lassen, mit Salz, Pfeffer und Muskat würzen, die Lorbeerblätter zugeben. 20 Minuten leicht köcheln lassen, ab und zu umrühren. Dann die Lorbeerblätter entfernen.

6 Den Ofen auf 180 Grad vorheizen. Den Kürbis fächerförmig in eine Auflaufform legen, den Spitzkohl darauf verteilen, Béchamelsauce darübergießen, Mozzarella und Birnenspalten darauf verteilen.

7 Den Auflauf für 30 Minuten im Ofen backen, bis der Käse schön gebräunt ist. Kurz vor dem Servieren mit dem groben Meersalz bestreuen.

Rote-Bete-Eintopf
mit Rosenkohl und Maronen

1 kg Rote Bete

500 g Rosenkohl

1 rote Zwiebel

150 g geschälte, gegarte Maronen

2 EL Ghee

1 TL rosenscharfes Parprikapulver

½ TL Zimt

50 g geschälte Mandeln

1½ Liter Gemüsebrühe

⅓ TL Muskat

1 EL getrockneter Majoran

Salz und Pfeffer zum Abschmecken

1 Bund Petersilie

100 g Ziegenfrischkäse

1 Die Roten Beten schälen und in kleine Würfel schneiden. Den Rosenkohl putzen, waschen und über Kreuz am Strunk einscheiden. Die Zwiebel schälen und in Würfel schneiden. Die Maronen grob hacken.

2 Das Ghee in einem Topf erhitzen, Paprikapulver und Zimt zugeben und 20 Sekunden anschwitzen.

3 Zwiebeln, Rote Bete, Rosenkohl, Maronen und die Mandeln zugeben und 5 Minuten glasig andünsten. Die Gemüsebrühe zugießen und kurz aufkochen lassen. Dann die Hitze reduzieren und den Eintopf 25 Minuten lang bei geschlossenem Deckel köcheln lassen.

4 Mit einer Schaumkelle ein Drittel der Masse entnehmen und auf die Seite stellen. Den Rest pürieren und mit Muskat, Majoran, Salz und Pfeffer abschmecken.

5 Die Petersilie grob hacken. Den Eintopf in Suppenteller verteilen, das entnommene Gemüse dazugeben, je 1 Esslöffel Frischkäse daraufsetzen und mit der Petersilie bestreuen.

Maronen-Wirsing-Eintopf

300 g Pastinaken

400 g Kartoffeln

300 g Kohlrabi

400 g geschälte, gegarte Maronen
(Seite 225)

1 kleiner Wirsing à ca. 600 g

2 rote Zwiebeln

5 EL Olivenöl

1½ l Gemüsebrühe (Seite 68)

2 TL zerstoßene rosa Pfefferbeeren

Salz

1 Bund Petersilie

1 Die Pastinaken, Kartoffeln und den Kohlrabi schälen und in mundgerechte Stücke schneiden. Die Maronen in Würfel zerteilen. Den Wirsing waschen, eventuell welke Blätter entfernen, den Kohl vierteln, den Mittelstrunk herausschneiden (kann für Gemüsebrühe verwendet werden, Seite 68) und den Kohl in Streifen schneiden. Die Zwiebeln abziehen und in Würfel schneiden.

2 Das Olivenöl in einem großen Topf erhitzen, die Pastinaken, Maronen, Kartoffeln sowie den Kohlrabi zugeben und scharf anbraten, bis alles leicht angebräunt ist.

3 Dann die Hitze reduzieren, den Wirsing und die Zwiebeln zugeben, alles gut vermischen und weitere 5 Minuten andünsten. Mit der heißen Gemüsebrühe aufgießen und bei geschlossenem Deckel etwa 30 Minuten köcheln lassen.

4 Zum Schluss mit den Pfefferbeeren und dem Salz abschmecken.

5 Die Petersilie grob hacken. Den Eintopf in Suppenteller füllen und mit der Petersilie bestreuen.

Süßkartoffel-Stampf mit Feldsalat und Kürbiskernen

800 g Süßkartoffeln

2 TL Ghee (oder Olivenöl)

1 TL gehackter Ingwer

1 TL Currypulver

1 TL Anissamen

200 ml Gemüsebrühe (Seite 68)

1 Bund Petersilie

100 g Feldsalat

50 g Kürbiskerne

5 EL Orangensaft

6 EL Leinöl

1 TL süßer Aceto balsamico

1 Die Süßkartoffeln waschen, schälen und in Würfel schneiden.

2 Das Ghee oder Öl in einem Topf erhitzen und den Ingwer darin 3 Minuten glasig dünsten. Das Currypulver und die Anissamen zugeben und 20 Sekunden anschwitzen. Die Süßkartoffeln zugeben und mehrmals umrühren, bis die Gewürze gleichmäßig verteilt sind.

3 Die Gemüsebrühe zugeben und die Süßkartoffeln darin 25 Minuten garen. Danach mit einem Stampfer zerdrücken.

4 Die Petersilie fein hacken und unter den Stampf mischen.

5 Den Feldsalat verlesen, putzen und gründlich waschen. Die Kürbiskerne in einer Pfanne ohne Fett anrösten.

6 In einer kleinen Schüssel den Orangensaft, das Leinöl und den Aceto kräftig mit einem Schneebesen verrühren.

7 Den Stampf auf Tellern portionieren, den Feldsalat daraufsetzen, mit dem Dressing beträufeln und mit den Kürbiskernen bestreuen.

Hirsetaler mit Apfel-Rotkraut

FÜR DIE HIRSETALER:

2 Schalotten

2 TL Ghee

150 g Hirse

350 ml Gemüsebrühe (Seite 68)

6 Zweige glatte Petersilie

3 EL Semmelbrösel (ggf. glutenfrei)

1 TL Salz

2 EL Tomatenmark

1 Ei

Olivenöl zum Ausbacken

FÜR DAS APFEL-ROTKRAUT:

1 Rotkohl, ca. 800 g

1 rote Zwiebel

4 EL Olivenöl

3 Lorbeerblätter

2 Nelken

2 Zimtstangen

4 Wacholderbeeren

3 EL Ahornsirup

200 ml Gemüsebrühe (Seite 68)

2 Äpfel (Boskop)

Salz und Pfeffer
zum Abschmecken

1 Für die Hirsetaler: Die Schalotten abziehen und fein würfeln. Das Ghee in einem Topf erhitzen, die Schalotten zugeben und glasig dünsten.

2 Die Hirse zugeben, die Gemüsebrühe dazugießen, kurz aufkochen lassen, die Hitze reduzieren und die Brühe 20 bis 25 Minuten leicht köcheln lassen, bis alles Wasser verdampft ist. (Währenddessen das Apfel-Rotkraut zubereiten, siehe unten.)

3 Die Hirse etwas auskühlen lassen. Inzwischen die Petersilie fein hacken.

4 Die Semmelbrösel, das Salz, das Tomatenmark, die Petersilie sowie das Ei zur Hirse geben und alles kräftig vermischen.

5 Mit feuchten Händen Taler von ca. 2 cm Stärke und 6 cm Durchmesser formen.

6 Die Hirsetaler im Öl knusprig ausbacken und mit dem warmen Apfel-Rotkraut servieren.

7 Für das Apfel-Rotkraut: Den Rotkohl vierteln, den Strunk entfernen und die Blätter in feine Streifen schneiden. Die Zwiebel abziehen und fein würfeln.

8 Das Olivenöl in einem Topf erhitzen, die Zwiebelwürfel zugeben und glasig dünsten. Das Rotkraut sowie die Gewürze zugeben, den Ahornsirup und die Brühe dazugießen, alles gut vermischen und bei geschlossenem Deckel und mittlerer Hitze etwa 30 Minuten köcheln lassen.

9 Kurz vor Schluss die Äpfel reiben und hinzugeben, mit Salz und Pfeffer abschmecken.

Süßes gegen den November-Blues

BLOSS NICHT VERSAUERN!

Mandel-Birnen-Vanille-Tarte
mit frischem Rosmarin

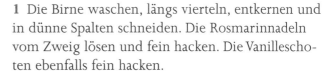

1 Birne »Abate«

1 Zweig Rosmarin

3 Eier

80 g Butter
plus etwas Butter für die Form

150 g Mehl Type 405 sowie
etwas Mehl zum Kneten

200 g Puderzucker

3 EL lauwarmes Wasser

300 g gemahlene Mandeln

150 g ganze geschälte Mandeln

2 Vanilleschoten

1 Die Birne waschen, längs vierteln, entkernen und in dünne Spalten schneiden. Die Rosmarinnadeln vom Zweig lösen und fein hacken. Die Vanilleschoten ebenfalls fein hacken.

2 Die Eier trennen. Die Butter, das Mehl, 2 EL Puderzucker, die Eigelbe und das lauwarme Wasser zu einem Mürbeteig verarbeiten. Den Teig zu einem Ziegel formen, in Frischhaltefolie wickeln und für 30 Minuten in den Kühlschrank stellen.

3 Die Eiweiße steif schlagen und dabei nach und nach den restlichen Puderzucker einrieseln lassen. Die gemahlenen Mandeln und die gehackte Vanille mit einem Teigschaber vorsichtig unter die Eiweißmasse heben.

4 Den Ofen auf 180 Grad vorheizen. Den Teig auf einer bemehlten Arbeitsfläche ausrollen und dann eine runde, mit Butter eingefettete Tarte-Form damit auslegen.

5 Die Mandel-Eiweißmasse auf den Teig geben, mit den ganzen Mandeln und den Birnenspalten belegen. Abschließend den gehackten Rosmarin darüberstreuen und 20 Minuten im Ofen backen.

Espresso-Kardamom-Kirsch-Tarte

FÜR DIE TARTE:

150 g Butter
plus etwas Butter für die Form

200 g Zartbitter-Schokolade

50 g Kirschmarmelade

100 ml Espresso

4 Eier

100 g Puderzucker
plus ein wenig zum Bestreuen

100 g gemahlene Haselnüsse

½ TL Natronpulver

½ TL gemahlener Kardamom

1 EL Kakaopulver

½ TL gemahlener Kaffee zum
Bestreuen

FÜR DIE CREME:

200 g Frischkäse

1 EL Kirschmarmelade

½ TL Kaffeepulver

1 Die Butter und die Schokolade im heißen Wasserbad schmelzen. Dann die Kirschmarmelade und den Espresso unterrühren. Den Ofen auf 180 Grad vorheizen.

2 Die Eier und den Puderzucker mit dem Handrührgerät schaumig rühren.

3 Die Schoko-Kirsch-Butter, die Haselnüsse, das Natronpulver, den Kardamom und das Kakaopulver mit einem Teigschaber untermischen.

4 Die Teigmasse in eine eingefettete Springform (26 cm) füllen und 30 Minuten im Ofen backen.

5 Die Tarte abkühlen lassen, vorsichtig aus der Form lösen und mit etwas Puderzucker und Kaffeepulver bestreucn.

6 Für die Creme die Zutaten gut verrühren. Die Tarte in Stücke schneiden und auf jedes Stück mit einem Löffel eine Cremenocke setzen.

Give away:
Birnen-Ingwer-Thymian-Konfitüre

3 Zweige frischer Thymian

1 kg Birnen

1 EL frisch gehackter Ingwer

Saft von ½ Zitrone

500 g Gelierzucker (2:1)

6 Schraubgläser à 250 ml,
heiß ausgespült

1 Die Thymianblätter vom Stiel zupfen. Die Birnen waschen, vierteln, entkernen und fein würfeln.

2 Birnen, Ingwer und Thymian in einen Topf geben, den Zitronensaft sowie den Gelierzucker hinzugeben und alles gut durchmischen. Die Masse zum Kochen bringen und 5 Minuten unter Rühren köcheln lassen.

3 Die heiße Konfitüre in die kurz zuvor heiß ausgespülten Schraubgläser randvoll abfüllen, diese fest verschließen und zum Auskühlen auf den Kopf stellen. Abschließend die Gläser mit Datum und Marmeladensorte beschriften.

Ich finde es immer spannend, verschiedene Obstsorten mit intensiven Kräuteraromen zu kombinieren – dabei entstehen oft sehr spannende Geschmackserlebnisse. Wer gerade weder Birne noch Thymian zur Hand hat, kann natürlich auch mal Apfel mit Rosmarin oder Pflaumen mit Bärlauch testen.

Winter

FRÖHLICHE EISZEIT!

Es rauhnachtet sehr

DER WINTER KOMMT AUF WEISSEN SOHLEN,
STIEHLT DER NATUR DIE FARBEN UND LEGT SIE ERST MAL
AUF EIS. **DER GARTEN SCHLÄFT** – IM BESTEN FALL
UNTER EINER GESCHLOSSENEN SCHNEEDECKE.
DAS EINZIGE, WAS MAN DORT JETZT TUN KANN: EINEN
SCHNEEMANN BAUEN UND DIE VÖGEL FÜTTERN.
ANSONSTEN HERRSCHEN BETRIEBSFERIEN.
DIE TAGE WERDEN BIS ENDE DEZEMBER KÜRZER
UND DIE NÄCHTE LÄNGER. **ZEIT FÜR MYTHEN UND MÄRCHEN:**
DIE RAUHNÄCHTE STEHEN VOR DER TÜR.
WER ANGST VORM SCHWARZEN MANN UND KONSORTEN HAT,
SOLLTE JETZT BESSER **DAS HAUS HÜTEN.**

Der Garten im Winter

WEGEN BETRIEBSRUHE GESCHLOSSEN!

Mit dem November kommt das Leben im Pflanzenreich zum Stillstand. Wer das ganze Jahr über im Garten geackert hat, verdient jetzt auch eine lange Pause – und kann dann allmählich beginnen, das neue Gartenjahr zu planen. Das Leben spielt sich drinnen ab, und traditionell geht es in dieser Zeit an die Reserven – an eingelagerte Vorräte, Tees und Erinnerungen. Aber auch im Winter können Sie Frisches aus eigenem Anbau ernten – Grünkohl, Rosenkohl und Wirsing im Garten (sofern Sie ihn rechtzeitig gepflanzt haben) und im Haus knackige Sprossen.

Sprossen selbst ziehen

Besonders in den dunklen Wintermonaten, in denen es wenig frisches regionales Gemüse gibt, sind selbst gezogene Sprossen und Keimlinge eine willkommene Abwechslung und frische Vitamin- und Mineralstofflieferanten.

- In speziellen, zum Teil mehrstöckigen Keimboxen oder Keimgläsern lassen sich innerhalb von drei bis sieben Tagen schmackhafte Sprossen heranziehen.
- Verwendet werden Samen und Mischungen, die gezielt für diesen Zweck, also als Nahrungsmittel, gedacht sind. Hier ist es ratsam, kein Saatgut für den Anbau im Garten zu verwenden, da dieses teilweise chemisch behandelt ist.

- Feine Samen wie Alfalfa, Rauke und Kresse circa 2 Stunden in Wasser einweichen. Größere Samen, etwa von Linsen, Kürbis, Weizen und Sonnenblumen, bis zu 12 Stunden einweichen. Dabei saugt sich das Samenkorn voll Wasser, und der Keimprozess kommt in Gang.
- Anschließend das Wasser abgießen und die Saat in den Behältern bis zur gewünschten Keimgröße wachsen lassen.
- Je nach Wärme und Keimentwicklung die Sprossen täglich 2- bis 4-mal mit frischem Wasser spülen.
- Spätestens wenn die Keime beginnen, sich deutlich grün zu färben, sind sie verzehrfertig.
- Wichtig, damit sich kein Schimmel bildet: Auf große Sauberkeit und regelmäßiges Spülen achten. Die Raumtemperatur sollte maximal 23 Grad betragen.
- Verzehrfertige Sprossen im Kühlschrank aufbewahren.

Pflanzen, deren Samen zur Sprossenproduktion geeignet sind

Alfalfa/Luzerne, Amaranth, Brokkoli, Gerste, Kichererbsen, Kleesorten, Kresse, Leinsamen, Linsen, Mungbohnen, Radieschen, Rucola, Sojabohnen, Sonnenblumen, Weizen und viele andere.

Mehr interessante Infos gibt es hier: www.sprossen-selbstgemacht.de

Saisonkalender: Winter

ENDE NOVEMBER BIS ENDE MÄRZ

Heimische Gemüse und Früchte der Saison –
wann es was aus dem Freiland gibt, kann je nach Gegend sehr variieren

SALAT:	Frisch vom Freiland	Aus dem Gewächshaus	Jetzt aus dem Lager
Endivie	✗		
Radicchio	✗		
Feldsalat	✗		
Postelein/Winterportulak	✗		
Chicorée	✗		
GEMÜSE:			
Blumenkohl	✗		
Chinakohl	✗		
Grünkohl	✗		
Kartoffeln			✗
Kohlrabi	✗	✗	
Kürbis			✗
Lauchzwiebel	✗		
Möhren			✗
Pastinaken			✗
Petersilienwurzel			✗
Porree	✗		
Radieschen		✗	
Rettich			✗
Rosenkohl	✗		
Rote Bete			✗
Rotkohl			✗

GEMÜSE:	Frisch vom Freiland	Aus dem Gewächshaus	Jetzt aus dem Lager
Schwarzwurzeln			✗
Sellerie			✗
Steckrüben			✗
Weißkohl			✗
Wirsing	✗		
Zwiebeln, Schalotten			✗
OBST:			
Äpfel			✗
Birnen			✗
Quitten			✗
NÜSSE:			
Haselnüsse			✗
Maronen			✗
Walnüsse			✗

Rauhnächte und Silvester

STILLE NACHT, RAUE NACHT!

Das Leben scheint stillzustehen, Ruhe kehrt ein. Mit der längsten Nacht kommt die geheimnisvolle Zeit zwischen den Jahren: die Rauhnächte. Silvester ist der Höhepunkt – und da lassen es die Menschen von jeher kräftig krachen: früher, um Geister zu vertreiben; heute, um in dieser lichtlosen Zeit zwischendurch mal ordentlich die Korken knallen zu lassen. Partytime: Macht hoch die Tür, die Tor macht weit!

Christliche Tradition und heidnisches Brauchtum

Eine bedeutende Übergangsphase im Wandlungsprozess der Natur liegt zwischen Anfang Dezember und Anfang Januar, quasi am Tiefpunkt des Jahreslaufs, bevor der ewige Reigen der Natur – Anfang und Ende, Entstehen und Vergehen – aufs Neue beginnt.
Die christlich geprägte Adventszeit gipfelt in einem besonderen Höhepunkt: dem Weihnachtsfest am 24. Dezember. Kurz zuvor, ab dem 21. Dezember, dem Tag der Wintersonnenwende, beginnt die Sonne wieder aufzusteigen – die dunkelste Stunde ist kurz vor der Dämmerung, die Tage werden endlich länger. Nicht umsonst wird in dieser optimistisch stimmenden Wendezeit die Geburt von Jesus Christus, dem »Licht der Welt«, gefeiert.

Viele religiöse Feste und Zeremonien wie das Weihnachtsfest decken sich mit ursprünglich heidnischen Bräuchen und haben diese ersetzt.

Werwölfe und andere Schrecken vertreiben

Zwischen dem Zeitpunkt der Wintersonnenwende und dem Dreikönigstag liegen die zwölf »Rauhnächte«. Die Tage »zwischen den Jahren« gelten als besondere, sogar etwas unheimliche Zeitspanne – ein Glaube, der aus Zeiten stammt, in denen der Mondkalender galt und ein Jahr zwölf Mondmonate oder 354 Tage hatte. Elf Tage beziehungsweise zwölf Nächte fehlen, um das Sonnenjahr mit seinen 365 Tagen voll zu machen – sogenannte »tote Tage«. Manche Mythologien berichten davon, dass die Gesetze der Natur in dieser Zeit außer Kraft gesetzt seien und daher die Grenzen zu anderen Welten fallen. Am Zenit der zwölf Rauhnächte, zu Silvester, steht demnach das Tor zur Unterwelt offen, und die Seelen der Verstorbenen treten auf den Plan. Bis ins vergangene Jahrhundert glaubte man in weiten Teilen Europas, dass sich Menschen, die einen Pakt mit dem Teufel geschlossen hatten, zu dieser Zeit in Werwölfe verwandelten. Dieser Aberglaube setzt sich in den Perchtenläufen des Alpenraums und den Ritualen der Glöckler fort, die den Spuk

vertreiben sollen. Der Brauch, zu Silvester Lärm in Form von Feuerwerk und Böllern zu verursachen, lässt sich auf die Geistervertreibung zurückführen.

In Häusern und Höfen hat sich das Ritual des Räucherns erhalten. Der Begriff »Rauhnächte« lässt sich möglicherweise auf den Kult, Geister und andere raue Gesellen mit dem Abbrennen bestimmter stark duftender Quarze und Kräutermischungen zu vertreiben, zurückführen. Diese uralte Tradition war und ist ein wichtiger Bestandteil feierlicher Riten in allen Hochkulturen.

Heute können wir solche Rituale nutzen, um Rückschau zu halten und Altes und Überholtes bewusst gehen zu lassen wie den Rauch durch das geöffnete Fenster.

Carpe diem – tempus fugit!

Die meiste Zeit verbringen wir, statistisch betrachtet, im Büro beziehungsweise an anderen Wirkstätten des täglichen Broterwerbs oder im Bett. Der restliche Zeitvertreib entfällt auf Kindererziehung, Einkauf, Reifenwechsel, Workout im Fitness-Hamsterrad und Ähnliches. Wir verplempern unser einmalig von Gott gegebenes Dasein mit lauter Kleinkram und monotonen Alltagsritualen. Das Leben zu zelebrieren sieht anders aus.

GENUG GELEBT, GENUG GEFEIERT?

Natürlich sorgt dieser Routine-Marathon fürs Dach über dem Kopf und den gefüllten Kühlschrank. Aber am Ende unserer Tage müssen wir uns dennoch die oftmals beklemmende Frage stellen: »Genug gefeiert? Genug gelacht, getanzt und gesungen?« Ob Sie's glauben oder nicht: Das ist einer von fünf Punkten, die Sterbende – statistisch gesehen – am meisten bedauern. Hinzu kommt die Einsicht, zu hart gearbeitet und zu wenig Zeit mit wirklich guten

Freunden verbracht zu haben. Am Ende wird immer die Rechnung aufgetischt – und die sollte aufgehen, damit Glück auf der Quittung steht.
Doch bis dahin ist es für die meisten von uns ja noch ein bisschen hin, und wir haben unser Schicksal – als selbstbewusste Selbermacher – ein Stück weit in der Hand. Der »Carpe diem«-Imperativ fordert dazu auf, das Essenzielle aus dem Tag, Monat und Jahr herauszuholen, und weist mit einem nachgestellten »tempus fugit« dezent darauf hin, dass unablässig ein Körnchen nach dem anderen durch die Sanduhr des Lebens rieselt.

JEDEM DAS SEINE …

Verfallen Sie jetzt aber bitte nicht in Panik und ins andere Extrem, nämlich in den 24-Stunden-Partyrausch! Die Philosophie des Ayurveda strebt immer die jeweils individuelle und ausgewogene Mitte an (Seite 51–54): Der tendenziell gemütliche Kapha-Typ mag's nicht so wild, verfügt aber über die nötigen körperlichen Ressourcen und den langen Atem. Temperamentvolle Pittas drehen gerne auf und haben viel quirlige Energie. Die eher verspielten und feinsinnigen Vata-Naturen mögen's leicht und lässig.
Jedem das Seine und im Kreis von Menschen, die – so oder so – ihre Freude am Leben und den Genuss des Wahren, Schönen und Guten teilen.

Inspired by nature

WINTERLICHE IDEEN FÜRS HAUS

Zapfenkranz

Heißklebepistole

Kranzrohling aus Kunststoff oder Zweigen

Tannenzapfen in verschiedenen Größen

Band zum Aufhängen des Kranzes

Drahtband für die Schleife

1 Setzen Sie einen transparenten Klebestift in die Heißklebepistole ein, und lassen Sie das Gerät aufheizen. Bringen Sie etwas Kleber am Boden eines größeren Tannenzapfens an und kleben Sie ihn auf den Kranzrohling.

2 Kleben Sie weitere Zapfen leicht angewinkelt oben und an der Seite des Rohlings so an, dass eine ungleichmäßige Optik entsteht.

3 Wenn Sie den Kranz später aufhängen möchten, sollten Sie bereits jetzt ein Band am Rohling befestigen.

4 Bekleben Sie die gesamte Oberfläche des Kranzes mit Tannenzapfen, bis der Rohling nicht mehr zu sehen ist.

5 Kleben Sie in einer zweiten Schicht kleinere Tannenzapfen fest, um Tiefe zu erzeugen.

6 Bringen Sie die dekorative Schleife an der Aufhängung an.

Räuchern

Ehemals als Schutz vor Dämonen eingesetzt, ist das Räuchern heute ein Ritual, um den Geist und die Sinne von »dicker Luft« zu reinigen und der Stimmung eine neue Note zu geben.

Sie können mit einem Kräuterbuschen räuchern – oder mit einer Räuchermischung, die Sie in einer feuerfesten Schale auf Räucherkohle legen. Um die »bösen Geister« aus dem Haus zu vertreiben, gehen Sie damit durch alle Räume und räuchern auch die Ecken aus.

Hier zwei Mischungen aus getrockneten Kräutern und Gewürzen für die winterliche Zeit des Übergangs und Rückzugs. Weihrauch, Myrrhe & Co. sind über das Internet oder im Fachhandel erhältlich.

Reinigung

2 TL Thymian

3 Lorbeerblätter

1 ½ TL Weihrauch

Schutz

1 TL Salbei

2 Prisen Basilikum

2 Prisen Rosmarin

1 TL Rotsandelholz

2 TL Myrrhe

Frostschutzmittel
für Genießer

DIE NATUR MACHT **GROSSE PAUSE** UND SCHÖPFT ATEM.
EINE GUTE GELEGENHEIT, SICH UM SICH SELBST
UND ANDERE ZU **KÜMMERN.** DRAUSSEN IST DIE WINTERWELT
ERSTARRT: NUR DIE KRÄHEN PICKEN DIE LETZTEN
SAATEN VON DEN SCHLAFENDEN FELDERN. WIR ZEHREN VON
DEN **VORRÄTEN,** DENN DAS REGIONALE NAHRUNGS-
ANGEBOT IST JETZT REDUZIERT. KREATIVITÄT UND
IMPROVISATIONSTALENT BRINGEN JEDOCH **DIE NÖTIGE
VIELFALT** IN DEN KALORIENREICHEN SPEISEPLAN.
WENN SICH DIE SONNE AUF DEM TIEFSTSTAND BEFINDET,
MÜSSEN WIR DIE NÖTIGE ENERGIE IN FORM VON
NAHRUNG ZUFÜHREN, DAMIT KÖRPER, GEIST UND SEELE
IN DER LICHTLOSEN ZEIT **BEI LAUNE BLEIBEN.**

Seelentröster für kalte Tage

HEIZKRAFTWERK FÜR GUTE LAUNE

Herzerwärmend

Glühwein ohne Prozente

2 Orangen

2 l weißer Traubensaft

4 Stangen Zimt

4 Kardamomkapseln

1 TL gehackter Ingwer

2 Nelken

4 Stück Sternanis

1 EL brauner Kandis

1 Die Orangen gründlich waschen und in Scheiben schneiden. Den Traubensaft aufkochen lassen.

2 Die Orangenscheiben, die Gewürze und den Kandis zugeben und den Glühwein bei leichter Hitze mindestens 1 Stunde lang ziehen lassen. Je länger, desto besser!

3 Anschließend den Glühwein durch ein Sieb abgießen.

Sweet Chai of mine

1 l Wasser

6 Kardamomkapseln

6 Stück Sternanis

1 TL Anissamen

4 Stangen Zimt

1 TL fein gehackter Ingwer

1 l Milch (oder Hafermilch)

4 EL schwarzer Tee, je nach Geschmack Earl Grey oder Darjeeling

1 EL Rohrzucker

1 Das Wasser aufkochen, die Gewürze zugeben, die Hitze reduzieren und alles 10 Minuten lang köcheln lassen.

2 Die Milch zufügen und weitere 10 Minuten auf kleiner Hitze ziehen lassen.

3 Den Schwarztee zugeben und nochmals 5 Minuten ziehen lassen.

4 Anschließend den Chai durch ein Sieb abgießen und den Zucker unterrühren. Bei Bedarf nachsüßen.

Safran-Milchreis mit Rosenwasser

125 g Milchreis

1 Vanilleschote

0,1 g gemahlener Safran

1 TL Ghee

1 TL Zimt

½ TL gemahlener Kardamom

500 ml Milch (oder Hafermilch)

1 EL Jaggery bzw. Vollrohrzucker

½ TL Salz

½ TL Rosenwasser

1 Den Milchreis gut waschen. Die Vanille halbieren und auskratzen. Den Safran in etwas lauwarmem Wasser einweichen.

2 Das Ghee in einem Topf erhitzen und den Milchreis darin glasig andünsten. Zimt, Kardamom und das Vanillemark mit der Schote zugeben und alles gut verrühren.

3 Nun die Milch zugießen, kurz aufkochen lassen, die Hitze reduzieren und den Reis bei geschlossenem Deckel etwa 20 Minuten köcheln lassen.

4 Kurz vor Schluss das Safranwasser, den Zucker, das Salz sowie das Rosenwasser zugeben und alles gut vermischen.

TIPP

Jaggery (Jaggeree) ist unraffinierter Rohrzucker und in ganz Süd- und Südostasien ein traditionelles Süßmittel.
Der Saft der Zuckerrohrpflanze wird gekocht, getrocknet und hinterher in Blöcken verkauft. Anders als bei uns gilt Zucker im Ayurveda nicht als Produkt des Teufels, sondern man setzt ihn in Maßen sogar therapeutisch ein.

Habermus:
warmer Dinkelbrei

Je 1 Apfel und 1 Birne
1 TL Ghee (oder Öl)
½ TL Zimt
200 g geschroteter Dinkel
800 ml Milch (oder Hafermilch)
1 Prise Salz
1 Prise Muskat
1 EL Honig

1 Den Apfel und die Birne waschen, entkernen und in Würfel schneiden.

2 Das Ghee (oder Öl) in einem Topf erhitzen, den Zimt zugeben und die Birnen- und Apfelstücke darin etwa 3 Minuten glasig andünsten.

3 Den Dinkelschrot und die Milch zugeben, einmal kurz aufkochen lassen, den Topf vom Herd ziehen und so lange rühren, bis eine breiige Masse entsteht.

4 Zum Schluss mit Salz und Muskat abschmecken und den Honig über den Brei geben.

TIPP

Wer möchte, kann je nach Lust, Laune und Vorrat variieren und Trockenfrüchte oder Nüsse hinzufügen!

Maronen-
Apfel-Ingwer-Mus

200 g geschälte und gegarte Maronen

1 Apfel

2 TL Ghee

1 TL fein gehackter Ingwer

1 EL Rohrzucker

½ TL Zimt

⅓ TL Muskat

100 ml Sahne

1 Prise Salz

1 Die Maronen halbieren und in dünne Streifen schneiden. Den Apfel waschen, vierteln, entkernen und mit der groben Seite der Küchenreibe raspeln.

2 Das Ghee in einem Topf erhitzen, die Maronen, den Ingwer sowie Zucker, Zimt und Muskat zugeben und die Maronen in 5 Minuten glasig dünsten.

3 Den geriebenen Apfel hinzufügen, die Sahne aufgießen und das Ganze bei geschlossenem Deckel 15 bis 20 Minuten leicht köcheln lassen.

4 Zum Schluss alles mit einem Pürierstab zu einem Mus pürieren und mit etwas Salz abschmecken.

Natürlich ist es praktisch, Maronen (Esskastanien) »tafelfertig« zu kaufen. Aber es macht Spaß und duftet unvergleichlich herbstlich, wenn man sie selbst gart und schält:
Den Backofen auf 220 Grad vorheizen. Die Maronen mit einem scharfen Messer über Kreuz einritzen, da sie sonst beim Erhitzen unkontolliert platzen würden; abgesehen davon lassen sie sich so später besser schälen. Mit der eingeschnittenen Seite nach oben auf ein Backblech legen und 20 Minuten lang backen. Etwas abkühlen lassen, dann die harten Schalen und die feinen Häutchen entfernen.

Ofenfrische Fladen – traditionell ayurvedisch: Pooris

150 g Weizenmehl Type 1050

150 g Dinkelvollkornmehl Type 1050

150 ml lauwarmes Wasser

1 TL Salz

3 EL Olivenöl

200 g Ghee (oder 100 ml Olivenöl) zum Ausbacken

1 Alle Zutaten (bis auf das Ghee oder Öl zum Ausbacken) in einer Schüssel zu einem geschmeidigen Teig verarbeiten und für 30 Minuten ruhen lassen.

2 Den Teig in 10 bis 14 Portionen aufteilen und mit einem Nudelholz zu kleinen Küchlein von etwa 5 mm Dicke ausrollen.

3 Das Ghee (oder Öl) in einer Pfanne erhitzen und die Pooris darin von jeder Seite in 2 bis 3 Minuten goldbraun ausbacken. Anschließend auf einem Küchenpapier abtropfen lassen.

TIPP

Pooris werden oft zu kräftigen Eintöpfen gegessen, vor allem, um am Ende genüsslich den Teller oder Topf auszuwischen.

Herzhaftes zum Einheizen

... UND DEFTIGE APPETITMACHER

Maronen-Apfel-Pastinaken-Püree mit Feldsalat

800 g Pastinaken

2 Äpfel

150 g geschälte, gegarte Maronen (Seite 225)

1 El Ghee (oder Olivenöl)

1 TL Kurkuma

150 ml Gemüsebrühe (Seite 68)

⅓ TL Muskat

½ TL Piment

Blättchen von je 2 Zweigen Thymian und Majoran (oder je 1 TL getrocknete Kräuter)

1 TL Salz

Pfeffer aus der Mühle

100 g Feldsalat

FÜR DAS BUTTERMILCH-DRESSING:

200 ml Buttermilch

150 ml Leinöl

½ TL Tamarindenpaste

100 ml Apfelsaft

3 Zweige gehackter Dill

1 EL Honig (oder Agavendicksaft)

Salz und Pfeffer zum Abschmecken

1 Die Pastinaken schälen und in fingerdicke Stücke schneiden. Die Äpfel waschen, entkernen und grob würfeln. Die Maronen grob hacken.

2 Das Ghee in einem Topf erhitzen. Das Kurkumapulver zugeben und die Pastinaken und Äpfel darin in 5 Minuten glasig dünsten. Dann die Gemüsebrühe zugießen und bei geschlossenem Deckel ca. 20 Minuten garen lassen.

3 Muskat, Piment, Thymian- und Majoranblättchen zugeben und alles mit einem Kartoffelstampfer zerdrücken. Zum Schluss salzen und pfeffern.

4 Den Feldsalat gut waschen, trocknen und auf das Püree geben. Mit einem Dressing nach Wahl beträufeln, zum Beispiel mit dem Buttermilchdressing.

5 Für das Dressing alle Zutaten mit dem Pürierstab zu einer sämigen Masse pürieren.

TIPP

Ein Ziegenfrischkäse-Dressing als Alternative: 1 EL Ziegenfrischkäse, je 100 ml Olivenöl und Orangensaft, 1 TL Honig und 1 TL gehackten Rosmarin in einem hohen Gefäß verquirlen, mit Salz und Pfeffer abschmecken.

Thymian-Maronen-Spätzle mit Wirsing-Apfel-Gemüse

FÜR DIE SPÄTZLE:

200 g Mehl

3 Eier, Größe M (oder 3 TL Sojamehl mit 120 ml Wasser verrührt)

80 ml Milch (oder Hafermilch)

Blättchen von 2 Zweigen Thymian

½ TL Salz plus Salz fürs Nudelwasser

⅓ TL Muskat

FÜR DAS GEMÜSE:

1 kg Wirsing

2 rote Zwiebeln

1 EL Ghee (oder 1 EL Olivenöl)

2 EL Rohrzucker

1 TL Salz

½ TL schwarzer Pfeffer

100 ml Granatapfelsaft

150 ml Gemüsebrühe (Seite 68)

4 Pimentkörner

4 Wacholderbeeren

FÜR DAS FINISH:

150 g gegarte, geschälte Maronen

20 g Butter (oder 2 EL Olivenöl)

Salz zum Abschmecken

2 Äpfel

50 g gehobelte Mandeln

1 Für die Spätzle: Mehl, Eier, Milch und Thymian in 2 bis 3 Minuten zu einem glatten Teig verrühren, mit Salz und Muskat würzen. 30 Minuten quellen lassen.

2 Reichlich Salzwasser zum Kochen bringen. Den Teig portionsweise durch eine Spätzlepresse in das kochende Wasser drücken. Sobald die Spätzle oben schwimmen, mit einer Schaumkelle herausnehmen, in kaltem Wasser abschrecken, in einem Sieb abtropfen lassen.

3 Für das Gemüse: Den Wirsing putzen, vierteln, den Strunk entfernen, die Blätter in feine Streifen schneiden. Die Zwiebeln abziehen und in Würfel schneiden.

4 Das Ghee in einem Topf erhitzen, die Zwiebeln mit dem Zucker dazugeben und bei starker Hitze in 5 Minuten hellbraun karamellisieren. Den Wirsing zugeben und 3 Minuten unter Rühren dünsten, mit Salz und Pfeffer würzen. Granatapfelsaft und Gemüsebrühe zugießen, bei milder Hitze zugedeckt in 20 bis 25 Minuten bissfest garen. Die Pimentkörner und Wacholderbeeren in einem Mörser fein zermahlen, 10 Minuten vor Ende der Garzeit dazugeben.

5 Für das Finish: Den Backofen auf 200 Grad vorheizen. Die Maronen in feine Scheiben schneiden. Die Butter in einer beschichteten Pfanne erhitzen, die Spätzle und Maronenscheiben dazugeben und 3 bis 4 Minuten braten. Danach leicht mit Salz würzen.

6 Eine feuerfeste Auflaufform einfetten. Zuerst den Wirsing, dann die Maronen-Spätzle hineingeben, die Äpfel darüberreiben, mit den Mandeln bestreuen und für 20 Minuten in den Ofen geben.

Kohlrabi gefüllt mit Perlgraupen, Rosinen und süßen Schalotten

80 g feine Perlgraupen

200 ml heiße Gemüsebrühe
(Seite 68)

3 Schalotten

3 EL Olivenöl

50 g Rosinen

200 ml Apfelsaft

4 Kohlrabi

2 l leicht gesalzenes Wasser

½ TL Kurkuma

1 Bund Petersilie

100 g Ziegenfrischkäse

Salz und Pfeffer
zum Abschmecken

1 Die Perlgraupen mit der Gemüsebrühe übergießen und etwa 10 Minuten ziehen lassen.

2 Die Schalotten abziehen, in feine Würfel schneiden und in 1 EL Olivenöl glasig anschwitzen. Nun die Rosinen zugeben, mit Apfelsaft aufgießen, kurz aufkochen, Hitze reduzieren und 30 Minuten weiter offen köcheln lassen, bis alle Flüssigkeit verdampft ist.

3 Die Kohlrabi schälen, jeweils einen Deckel abschneiden, die Knollen aushöhlen und das Fruchtfleisch grob hacken.

4 Das Wasser aufkochen und die ausgehöhlten Kohlrabi in 8 bis 10 Minuten bissfest kochen, danach in kaltem Wasser abschrecken.

5 Inzwischen 2 EL Öl in einer Pfanne erhitzen, das Kohlrabi-Fruchtfleisch unter Zugabe des Kurkuma ca. 5 Minuten anschwitzen. Den Ofen auf 180 Grad Umluft vorheizen.

6 Die Petersilie grob hacken. In einer Schüssel das Fruchtfleisch, die Petersilie, den Frischkäse, die Perlgraupen, Schalotten und Rosinen gut vermischen, mit Salz und Pfeffer abschmecken.

7 Die Mischung in die Kohlrabi füllen. Diese in eine Auflaufform setzen und im Ofen ca. 20 Minuten lang backen.

Kürbis-Maronen-Puffer

ERGIBT 15 BIS 20 PUFFER:

1 kleiner Kürbis, 600 bis 800 g – zum Beispiel Butternut/Butternuss oder Hokkaido

8 Zweige Petersilie

100 g geschälte und gegarte Maronen (Seite 225)

2 EL Dinkelmehl

2 Eier (oder 2 TL Sojamehl mit 100 ml Wasser verrührt)

1 TL Salz

½ TL Muskat

1 TL süßes Currypulver

½ TL Zimt

Samen von 2 Kardamomkapseln, zerstoßen

Ghee (oder Pflanzenöl) zum Ausbacken

1 Den Kürbis halbieren, entkernen (Butternut auch schälen), grob reiben und das überschüssige Wasser ausdrücken. Dann die Petersilie und die Maronen fein hacken.

2 Alle Zutaten in eine große Schüssel geben und vermischen.

3 Das Fett in einer Pfanne erhitzen. Mit einem Löffel etwas von dem Teig ins Fett geben und von beiden Seiten in 3 bis 5 Minuten goldbraun backen.

Frische Kräuter und nach Bedarf im Mörser zerstoßene Gewürze sind immer die beste Wahl und der pulverisiert gekauften Form vorzuziehen, da sie weit aromatischer sind und so den Gerichten die besondere Note geben.

Schneller
Pastinaken-Ziegenkäse-Kuchen

500 g Pastinaken

Nadeln von 3 Zweigen Rosmarin
(oder 1 TL getrocknetes Kraut)

½ TL Muskat

2 TL süßes Currypulver

⅓ TL Cayennepfeffer

½ TL Salz

100 ml Olivenöl

eine runde Kuchenform

etwas Butter zum Ausfetten

1 Rolle Blätterteig (aus dem
Kühlregal)

200 g Ziegenfeta

1 Die Pastinaken schälen und in etwa 1 cm dicke Scheiben schneiden.

2 In einem Topf etwas Wasser zum Kochen bringen, ein Sieb in den Topf hängen, die Pastinaken hineingeben und bei geschlossenem Deckel in ca. 8 bis 10 Minuten im Dampf bissfest garen.

3 Die Pastinaken in einer Schüssel mit den Gewürzen, dem Salz sowie dem Öl mischen und 20 Minuten ziehen lassen.

4 Den Ofen auf 180 Grad Umluft vorheizen. Die Kuchenform mit Butter ausfetten. Den Blätterteig darin auslegen und an den Rändern hochdrücken. Den Boden mit einer Gabel mehrmals einstechen.

5 Die Pastinaken in der Form verteilen und den Ziegenfeta darüberbröckeln. In den Ofen geben und in ca. 20 Minuten goldbraun backen.

Schneller Kürbiskuchen mit Birnen-Zimt-Kompott

FÜR DEN KUCHEN:

1 kleiner Kürbis à ca. 600 g (Butternut/Butternuss)

1 TL süßes Paprikapulver

1 TL getrockneter Majoran

1 TL getrockneter Oregano

Blättchen von 2 Zweigen Thymian (oder 1 TL getrocknetes Kraut)

½ TL Salz

100 ml Olivenöl

etwas Butter für die Form

100 g Mandelsplitter

1 Rolle Blätterteig

FÜR DAS KOMPOTT:

3 Birnen

1 EL Zitronensaft

1 TL Ghee (oder 1 EL Olivenöl)

2 TL Zimt

2 EL Rohrzucker

1 Prise Salz

150 ml Birnensaft

1 Den Kürbis halbieren, schälen und die Kerne entfernen, das Fruchtfleisch in dünne Spalten schneiden. Die Kürbisspalten in einer Schüssel mit den Gewürzen, dem Salz sowie dem Öl gut vermischen und 20 Minuten ziehen lassen.

2 Den Ofen auf 180 Grad Umluft vorheizen. Eine Auflaufform mit der Butter ausfetten, mit dem Blätterteig auslegen, den Teig an den Rändern hochdrücken und den Boden mit einer Gabel mehrmals einstechen.

3 Den Kürbis in der Form verteilen, die Mandeln darüberstreuen und 20 bis 25 Minuten im Ofen goldbraun backen.

4 Die Birnen waschen und entkernen, mit der groben Seite der Küchenreibe raspeln und mit dem Zitronensaft mischen.

5 Das Ghee in einem Topf erhitzen, den Zimt dazugeben und 10 Sekunden lang anschwitzen. Dann die Birnen, den Zucker, das Salz sowie den Birnensaft zugeben und bei leicht geöffnetem Deckel 15 Minuten lang köcheln lassen.

 Am besten schmeckt es, wenn das Kompott noch lauwarm zum Kuchen serviert wird.

Mehl-Speisen aus der Backstube

WINTERFEINES GEBÄCK

Schoko-Mandel-Kuchen

Wenn's mal ganz schnell gehen muss:
Hier mein 30-Minuten-Favorit!

250 g Zartbitter-Kuvertüre

250 g Butter

4 Eier (Raumtemperatur)

200 g Backzucker (besonders feine Körnung)

100 g Mehl Type 405

50 g Stärke

½ TL Natronpulver

100 g gemahlene Mandeln

1 Die Kuvertüre und die Butter in einen Topf geben und im heißen Wasserbad schmelzen. Ein Viertel der Schokomasse abnehmen und zur Seite stellen (wird zum Bestreichen des Kuchens benötigt). Den Ofen auf 180 Grad vorheizen.

2 Die Eier mit dem Zucker in eine Schüssel geben und mit dem Handrührgerät schaumig rühren. Das Mehl, die Stärke, das Natronpulver und die Mandeln untermischen. Dann mit einem Teigschaber die Schoko-Butter-Masse unterheben.

3 Den Teig auf ein mit Backpapier ausgelegtes Blech streichen und 20 Minuten lang im Ofen backen. Anschließend auskühlen lassen.

4 Die übrige Schokomasse nochmals im Wasserbad erwärmen und den Kuchen damit bestreichen.

TIPP

Bei der Erwärmung der Kuvertüre unbedingt sorgfältig darauf achten, dass kein Wasser in die Schokoladenmasse gelangt, da sich ansonsten Klumpen bilden.

Petit Fours mit Rote-Bete-Zimt-Creme

Das passende Rezept für Feinmotoriker und alle, die mit Zeit nicht geizen. Die Menge ist für ca. 35 Stück berechnet.

FÜR DEN BISKUIT:

6 Eier

Salz

50 g Butter

80 g Mehl Type 405

40 g Stärke

100 g Puderzucker

FÜR DIE CREME:

1 kleine Knolle gekochte Rote Bete

100 g Frischkäse

3 EL Crème fraîche

2 TL Honig

1 TL gemahlener Zimt

FÜR DIE GLASUR:

200 g Puderzucker

Saft von 1 Zitrone

1 EL Rote-Bete-Saft

1 Den Ofen auf 200 Grad vorheizen. Die Eier trennen und das Eiweiß mit etwas Salz mit dem Handrührgerät steif schlagen.

2 Die Butter in einem Topf schmelzen lassen. Das Mehl und die Stärke mischen.

3 Die Eigelbe mit 6 EL lauwarmem Wasser und dem Puderzucker mit dem Handrührgerät schaumig rühren.

4 Den Eischnee auf die Eigelbmasse geben und die geschmolzene Butter hinzufügen. Die Mehl-Stärke-Mischung durch ein Sieb darübergeben und alles mit einem Teigschaber vorsichtig unterheben.

5 Jeweils die Hälfte der Teigmasse auf ein mit Backpapier ausgelegtes Blech geben, dünn ausstreichen und im Ofen 6 bis 8 Minuten lang backen.

6 Anschließend den Teig auskühlen lassen, stürzen, das Backpapier abziehen und die Teigplatte der Länge nach erst in 4 Streifen und danach in Stücke von 2 cm schneiden.

7 Für die Creme: Die gekochte Rote-Bete-Knolle in feine Würfel schneiden. Mit Frischkäse, Crème fraîche, Honig und Zimt in einer Schüssel cremig verrühren. Die Creme auf Teigstücke streichen und jeweils mit einem anderen Stück belegen.

8 Für die Glasur: Den Puderzucker, den Zitronen- und den Rote-Bete-Saft cremig verrühren und die Petit Fours damit glasieren.

Weihnachtszeit ist Plätzchenzeit

Galgant-Mandel-Kekse

ERGIBT CA. 30 STÜCK:

200 g Butter (oder Margarine)

400 g kernige Dinkelflocken

100 g Mandelstifte

2 Eier (oder 2 TL Sojamehl mit
80 ml Hafermilch verrührt)

120 g Rohrzucker

2 TL gemahlener Galgant

50 g Dinkelmehl

1 Die Butter in einem Topf erhitzen. Die Dinkelflocken und Mandeln darin leicht anrösten und dann abkühlen lassen.

2 Die Eier mit dem Zucker und dem Galgant schaumig rühren. Das Mehl, die gerösteten Mandeln und die Dinkelflocken unter die Eimasse geben und alles gut verrühren.

3 Den Ofen auf 180 Grad vorheizen. Mit einem Löffel kleine Teighäufchen auf ein mit Backpapier ausgelegtes Backblech setzen.

4 Die Plätzchen im Ofen ca. 12 bis 15 Minuten lang backen. Nach dem Auskühlen vom Backpapier lösen.

Curry-Schoko-Taler mit Mandeln

ERGIBT CA. 20 STÜCK:

200 g geschälte Mandeln

60 g weiche Butter

90 g Puderzucker

100 g Mehl

3 EL Kakaopulver

2 Eiweiß (Eiergröße M)

2 EL süßes Currypulver

1 TL gemahlener Kardamom

1 Die Mandeln grob hacken.

2 Die Butter mit Zucker, Mehl, Kakao und dem Eiweiß zu einem cremigen Teig verrühren.

3 Den Ofen auf 180 Grad vorheizen. Den Teig mit einer Teigpalette in Kreisen von ca. 8 cm Durchmesser auf ein mit Backpapier belegtes Backblech streichen. Die Kreise gleichmäßig mit dem Curry, Kardamom und den gehackten Mandeln bestreuen.

4 Die Plätzchen im Ofen in 8 Minuten knusprig backen. Nach dem Auskühlen vom Backpapier lösen.

Hildegard-von-Bingen-Gedächtnistaler

ERGIBT CA. 30 STÜCK:

80 g Maronen

200 g Ahornsirup

½ TL gemahlener Muskat

2 TL Zimt

1 TL gemahlener Piment

1 Prise Salz

100 g gemahlene Mandeln

400 g Dinkelmehl

250 g zimmerwarme Butter (oder Margarine)

2 EL Olivenöl

1 Den Backofen auf 200 Grad vorheizen. Die Maronen über Kreuz einschneiden, auf ein Backblech legen und für 25 Minuten in den Ofen schieben. Dann auskühlen lassen, schälen und grob hacken.

2 Den Ahornsirup mit den Gewürzen, der Butter und dem Öl in einer Schüssel gut verrühren.

3 Die Maronen, das Salz und die Mandeln zugeben, zum Schluss das Mehl darübersieben und alles zu einem geschmeidigen Teig verkneten. Eine Stunde in den Kühlschrank stellen.

4 Den Ofen auf 180 Grad vorheizen. Auf einer bemehlten Arbeitsfläche mit der Hand flache Taler von ca. 6 cm Durchmesser formen.

5 Die Plätzchen auf ein mit Backpapier belegtes Backblech geben und im Ofen in 12 bis 15 Minuten goldbraun backen.

A cookie a day keeps the doctor away: Die klassischen »Hildegard-Gewürze« wirken zum Beispiel stimmungsaufhellend (Muskat), krampflösend (Zimt) und gegen stressbedingte Nervosität (Piment).
Die Kekse halten sich eine Weile, wenn sie in Blechdosen kühl und dunkel gelagert werden.

Orangen-Ingwer-Zimt-Marmelade

1 kg ungespritzte Bio-Orangen

1 EL Ghee (oder Öl)

3 Zimtstangen

200 g frischer, fein gehackter Ingwer

800 ml Orangensaft, frisch oder gekauft

1 kg Gelierzucker (2:1)

7–8 Schraubgläser à 250 ml, heiß ausgespült

1 Die Orangen gründlich heiß waschen und die Schale mit einem Zestenreißer abziehen.

2 Die Orangen oben und unten etwas kappen und die weiße Außenhaut mit einem Messer abschälen. Dann die Orangen filetieren, die Filets grob hacken und den Saft dabei auffangen.

3 Das Ghee (oder Öl) in einem Topf erhitzen, die Zimtstangen zugeben sowie den Ingwer und diesen 3 Minuten glasig dünsten. Anschließend alle weiteren Zutaten in den Topf geben und unter Rühren 5 Minuten sprudelnd kochen lassen.

4 Die Zimtstangen entfernen. Die Marmelade in die heiß ausgespülten Gläser füllen, diese auf den Kopf stellen und auskühlen lassen. Anschließend mit Marmeladensorte und Datum beschriften.

Süß-saure Give-aways

Limetten-Zimt-Öl

2 ungespritzte Bio-Limetten

2 Zimtstangen

5 Kardamomkapseln

3 Sternanis

2 TL rosa Pfefferbeeren

500 ml Olivenöl

1 heiß ausgespülte Flasche à 500 ml

1 Die Limetten heiß abwaschen, dann die Schale dünn mit einem Sparschäler abschälen.

2 Die Gewürze in einen Mörser geben und mit dem Stößel andrücken, damit sich die Aromen besser entfalten.

3 Die Limettenschalen und die Gewürze in die Flasche geben.

4 Das Olivenöl in einem Topf auf mittlerer Hitze 5 Minuten erwärmen. In die Flasche füllen und diese beschriften.

5 Das Öl anschließend gut verschlossen mindestens eine Woche an einem dunklen Ort ziehen lassen.

Maronen-Rosmarin-Honig

Nadeln von 2 Zweigen Rosmarin

500 g Waldhonig

150 g Kastanienmehl

1 bis 2 heiß ausgespülte Einmachgläser

1 Die Rosmarinnadeln fein hacken.

2 Den Honig in einer Schüssel oder in einem großen Glasgefäß im Wasserbad leicht erwärmen. Dann das Kastanienmehl und den gehackten Rosmarin zugeben und den Honig wieder abkühlen lassen. Achtung! Die Wassertemperatur sollte 45 Grad nicht überschreiten, da sonst die wertvollen Wirkstoffe des Honigs zerstört werden.

3 In die vorbereiteten Einmachgläser füllen. Anschließend mit Honigsorte und Datum beschriften.

 Der Honig hilft gegen Erkältungen und sonstige Verstimmungen!

Garten-Basics II

Pflanzen-Know-how von A bis Z

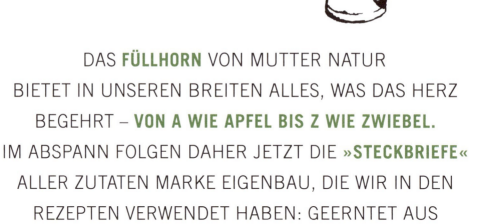

DAS **FÜLLHORN** VON MUTTER NATUR
BIETET IN UNSEREN BREITEN ALLES, WAS DAS HERZ
BEGEHRT – **VON A WIE APFEL BIS Z WIE ZWIEBEL.**
IM ABSPANN FOLGEN DAHER JETZT DIE »STECKBRIEFE«
ALLER ZUTATEN MARKE EIGENBAU, DIE WIR IN DEN
REZEPTEN VERWENDET HABEN: GEERNTET AUS
TÖPFEN UND BEETEN, KÜBELN UND PFLANZSCHALEN.
BASICS MADE IN GERMANY!

Frische Gemüse & Salate

... AUS EIGENER ERNTE!

Für alle Kulturen gilt, dass sie sehr dankbar sind für regelmäßiges Lockern und Hacken, Unkrautjäten und bei längerer Trockenheit für Wassergaben – der Lohn ist eine gute Ernte.

Buschbohne (Gartenbohne, Grüne Bohne)

Phaseolus vulgaris var. nanus

Buschbohnen sind eine schöne Sommerfrucht mit sehr gutem Vorfruchtwert für fast alle anderen Kulturen. Sie liefern über mehrere Wochen eine regelmäßige Ernte. Die Nachbarschaft zu Zwiebelgewächsen sollte man meiden und in der Fruchtfolge eine mehrjährige Pause zu anderen Hülsenfrüchtlern einplanen!
• Aussaat ab Anfang Mai bis Mitte Juli direkt ins Freiland, 3 cm tief; frühe Sätze in warmer Anzucht in kleinen Töpfen. Reihen mit 40–50 cm Abstand: entweder einzelne Samen in 7–10 cm Abstand oder als Tuff alle 30 cm etwa 5–7 Samen.
• Ab 10–20 cm Höhe können die Pflanzen etwas angehäufelt werden, dann stehen sie stabiler.
• Die Ernte beginnt frühestens 8 Wochen nach der Aussaat. Sie sollte regelmäßig, mindestens einmal pro Woche erfolgen. Dabei die jüngeren Bohnen und Blüten nicht verletzen, damit man auch in den folgenden Wochen noch Bohnen ernten kann!

• Meist werden die Hülsen komplett verarbeitet, seltener lässt man sie weiterreifen und verwendet dann nur die Körner frisch oder getrocknet.

Erbse (Zuckererbse)

Pisum sativum subsp. sativum

Zuckererbsen eignen sich gut für Kinderbeete, als »Raumtrenner« und als leckeres Naschgemüse für zwischendurch. In der Fruchtfolge mehrjährigen Abstand zu anderen Hülsenfrüchten einhalten und räumlichen Abstand zu Zwiebelgewächsen!
• Aussaat: ab Anfang April (Pflanzen vor Spätfrösten schützen) bis Ende Juni im Freiland, 3–6 cm tief, 3–5 cm Abstand.

Entweder eine Doppelreihe (15–25 cm Abstand) mit 70–80 cm Abstand zur nächsten Doppelreihe oder Einzelreihen in einem Abstand von 40 cm.
• Spätestens wenn die Erbsenpflanzen 15 cm groß sind, benötigen sie eine Rankhilfe: aus Drahtgeflecht (an 60–100 cm langen Pfosten befestigt) oder abgeschnittenen Ästen (in den Boden stecken). Sie können für bessere Standfestigkeit etwas angehäufelt werden.
• Zuckererbsen reifen über mehrere Wochen und werden geerntet, wenn sich in den Hülsen die ersten Erbsen abzeichnen. Man isst die ganzen Hülsen oder pult – nach längerem Reifen – die dicken Erbsen aus der Hülse.

Feldsalat

Valerianella locusta

Feldsalat, auch Rapunzel- oder Nüsschensalat genannt, hat einen frischen, leicht nussigen Geschmack. Er ist eine beliebte, relativ anspruchslose Herbst- und Überwinterungskultur, die einige Minusgrade verträgt und bereits ab 5 °C wächst. Feldsalat ist eine gute Nachkultur aller Sommerkulturen. Die Nachbarschaft zu Sellerie meiden.
• Aussaat: ab Ende Juli bis in den September direkt in die Erde, ca. 1 cm tief in Reihen von 15–20 cm Abstand. Um Fäulnis vorzubeugen, kann man auf kleine Dämme säen/pflanzen.
• Nach frühestens 8 Wochen ist Feldsalat erntereif.

Fenchel (Knollenfenchel)

Foeniculum vulgare, var. azoricum

Fenchel ist mit seinem anisähnlichen Geschmack nicht jedermanns Sache, jedoch als knackiger Anteil auf Rohkosttellern und in gegarten Varianten eine Abwechslung für jede Küche.
• Aussaat: Es lohnt sich, Fenchel im geschützten Bereich vorzuziehen und ab Mitte März bis Mitte Juni ins Freiland auszupflanzen, Abstand in der Reihe 20–30 cm, Reihenabstände 30–40 cm.
• Im Wachstumsverlauf immer wieder anhäufeln, wodurch die Knolle mehr zum Dickenwachstum neigt und eine Schossneigung verringert wird.
• Je nach Saat-/Pflanzzeitpunkt werden die Knollen ab Mitte Juli

geerntet und sind in der Sandkiste im kühlen Keller einige Wochen haltbar.

Gurke

Cucumis sativus

Die Gurke gehört zur großen Familie der Kürbisgewächse, ist nährstoffliebend und genießt es, sonnig, warm und feucht zu stehen. Deshalb gedeihen viele Sorten in unseren Breiten nur im Gewächshaus. Einige sind robuster und eignen sich auch für den Anbau in Topf und Garten. Alle Gurken ranken gern und danken die »Bodenfreiheit« mit schönen Früchten unterschiedlichster Form: von kleinen, krummen Einlegegurken bis hin zu langen Schlangengurken. Man kann sie gut als Zaunverschönerer pflanzen und spart sich so den Bau eines Rankgestells.
• Anzucht ab Mitte April auf der Fensterbank in kleinen Töpfen, evtl. brauchen sie bis zur Pflanzung (nach den Eisheiligen!) noch einen größeren Topf. Oder man greift auf gekaufte Pflanzen

zurück. Jede Pflanze braucht einen nicht zu kleinen Topf oder einen Pflanzabstand von 100–120 cm × 40–50 cm.
• Große Gurken sind reif, wenn sich die untere Spitze rundet, Einlegegurken können auch früher geerntet werden. Eine regelmäßige Ernte (1- bis 2-mal die Woche, je nach Witterung) regt die Pflanze zu immer neuer Blüten- und Fruchtbildung an.

Kartoffel

Solanum tuberosum

Nachdem sie vor Hunderten von Jahren in unseren Breiten eingebürgert wurde, ist die Kartoffel mit ihren vielfältigen Zubereitungsmöglichkeiten heute von unserem Speiseplan kaum noch wegzudenken.
Kartoffeln werden vegetativ vermehrt, das heißt, man kann jede (gesunde) Kartoffel einpflanzen, und sie bringt dann via unterirdische Ausläufer neue Kartoffeln der gleichen Art hervor. Die Sorten unterscheiden sich in der Kulturdauer, der Lagerfähigkeit

und den Kocheigenschaften (festkochend bis mehlig). Kartoffeln bevorzugen gut gedüngte Böden.

• Im Garten ab Anfang April in Abständen von 60–70 cm mal 30–40 cm in 10 cm Tiefe pflanzen. An einem hellen Ort vorgekeimte Kartoffeln wachsen schneller los.

• Im Laufe des Wachstums sollte immer wieder angehäufelt werden, wodurch mehr Platz für neue Knollen ensteht, das Ergrünen am Licht verhindert wird und Beikräuter beseitigt werden. Larven des blattfressenden Kartoffelkäfers ggf. absammeln. Kraut- und Knollenfäule (Phytophtora) kann das Kraut besonders bei feuchtwarmer Witterung innerhalb weniger Tage dahinraffen; Vorbeugung: Blätter möglichst trocken halten, nicht zu dicht pflanzen, mit Schachtelhalmtee-Spritzungen stärken.

• Wenn die Knollen schalenfest sind (die Schale lässt sich durch kräftiges Reiben nicht mehr von der Knolle lösen), können sie geerntet und an einem dunklen, kühlen Ort (nicht kälter als 4 °C) eingelagert werden.

Kohl (Kopfkohl)

Brassica oleracea convar. capitata var. ruba (Rotkohl),
var. alba (Spitzkohl und Weißkohl),
var. sabauda (Wirsing)

Für viele gelten Kohl, Wirsing & Co. als das Wintergemüse schlechthin. Im Anbau ist Kohl ein nährstoffliebender, häufig von Kohlweißlingsraupen und mehligen Kohlblattläusen heimgesuchter Vertreter.

• Ab Anfang März können Jungpflanzen im geschützten Anbau vorgezogen und ab April, spätestens im Mai ausgepflanzt werden. Abstände von 50×50 cm oder 60×40 cm.

• Im Wachstum liebt der Kohl regelmäßige Bodenlockerung. Außerdem empfiehlt sich leichtes Anhäufeln zwecks besserer Standfestigkeit. Um die tierischen Schädlinge fernzuhalten, die Bestände mit speziellen Kulturschutznetzen abdecken.

• Die Kopfbildung kommt bis ca. Mitte Oktober zur Vollendung, sodass die prallen Köpfe an trockenen Tagen mit gesundem Umblatt geerntet und in kühlen, feuchten Kellern eingelagert werden können.

• **Spitzkohl** ist eine Varietät von Weißkohl und unterscheidet sich neben seinem Aussehen nur darin, dass er früher gepflanzt werden kann (ab Ende März). Er hat in der Regel eine kürzere Kulturzeit und ist nicht so gut lagerfähig wie der klassische Weißkohl, zeichnet sich aber durch eine größere Zartheit und Süße aus.

• **Wirsing** kann etwas später als Rot- und Weißkohl vorgezogen und gepflanzt werden, da er im Herbst nicht zum Einlagern abgeerntet wird, sondern (je nach Sorte) über Winter im Freien stehen bleiben und nach Bedarf geerntet werden kann.

Kohlrabi

Brassica oleracea var. gongylodes

Der Kohlrabi zählt mit seinen grünen und blauen (lila) Arten zu den beliebten Gemüsesorten der Hausgärtner. Bei der Sortenwahl sollte man auf die jahreszeitliche Eignung achten. Für den Herbstanbau gibt es große, lagerfähige Sorten (»Superschmelz«).

Kohlrabi ist ein guter Partner für Mischkulturen, allerdings sollte in der Fruchtfolge auf Abstand zu anderen Kohlgewächsen geachtet werden.

• Voranzucht ab März in Aussaatschalen (0,5–1 cm tief), spätestens bei Erscheinen des ersten Laubblattes die Pflänzchen vereinzeln. Ab Anfang April bis Anfang August die vorgezogenen Pflanzen ins Freiland setzen. Reihenabstand: 30 cm, in der Reihe: 25 bis 30 cm.

• Kohlrabi ist auf eine gleichmäßige Wasserversorgung angewiesen, da er sonst schnell platzt.

• Die Kohlrabis können nach 9 bis 12 Wochen geerntet werden. Nicht nur die Knolle ist roh und gekocht ein Gaumenschmaus, auch die jungen Blätter können verzehrt werden. Wenn die Knollen zu lange liegen, werden sie holzig – also lieber bald verspeisen!

Kürbis & Zucchini

Curcubita pepo (Gartenkürbis, z. B. Zucchini)
Curcubita maxima (z. B. Hokkaido)
Curcubita moschata (z. B. Butternut/Butternuss-/Birnenkürbis)

Die Familie der Kürbisse ist sehr groß und kennt viele Erscheinungsformen. Im späten Sommer und Herbst sind sie ein Augen- und Gaumenschmaus und bieten eine nahezu unbegrenzte Verarbeitungsvielfalt (Gemüse, Suppe, Chutney, gegrillt …). Allen Kürbissen ist gemeinsam, dass sie extrem frostempfindlich und wärmeliebend sind. Sie bevorzugen einen sonnigen bis halbschattigen Standort. Man sollte 3 bis 4 Jahre Abstand in der Fruchtfolge halten.

• Anzucht ab Mitte April im geschützten Bereich (Fensterbank, Frühbeet). Dafür die Samen ein paar Stunden in lauwarmem Wasser einweichen und dann 3–4 cm tief in kleine, erdgefüllte Töpfe stecken. Ab Mitte Mai (nach den Eisheiligen) in den Garten oder auf den Komposthaufen mit 80–120 cm Abstand pflanzen (je nach Sorte).

• Alle Kürbisarten brauchen eine regelmäßige Wasserversorgung und gute Düngung! Besonders am Anfang regelmäßig auf Schnecken kontrollieren.
• Die Früchte der Zucchini und einiger anderer Kürbissorten werden ab Juni/Juli in nicht ausgereiftem Zustand regelmäßig geerntet; sie sind für die Lagerung nicht geeignet. Ab Mitte August bis Mitte September, wenn der Stiel verkorkt ist, werden die Früchte zur Lagerung (trocken, 10–15 °C) geerntet.

Lauch → Porree

Lauchzwiebel → Zwiebel

Mangold

Beta vulgaris var. vulgaris bzw. var. flavescens

Mangold ist eng verwandt mit der Roten Bete und erfreut sich seit einigen Jahren großer Beliebtheit, zunehmend auch die bunten Sorten. Als Blattgemüse kann er sowohl gedünstet als auch roh in Salaten verzehrt werden.

• Anzucht geschützt (Fensterbank), 2–3 cm tief säen, ab Ende März, besser April, ins Freiland auf 20–30 cm Reihen- und Pflanzabstand setzen.
• Für bessere Standfestigkeit im Kulturverlauf etwas anhäufeln. Wie alle Blattgemüse vor Schnecken schützen. Die mit (schwarzer Bohnen-)Blattlaus befallenen Blätter herausschneiden.
• Mangold kann den ganzen Sommer über beerntet werden. Dafür immer nur die äußeren, großen Blätter abernten, sodass

die Pflanze in der Mitte immer weiterwachsen kann.

Möhre (Karotte)

Daucus carota

Die Möhre ist sowohl roh als auch gekocht ein bunter, vielseitiger und sehr beliebter Vitamin- und Mineralstofflieferant. Besonders die verschiedenen samenfesten Sorten überraschen mit gehaltvollen Geschmacksvarianten von sehr süß bis herb-aromatisch. Der Hausgärtner hat die Qual der Wahl, die Sorten unterscheiden sich in Geschmack, Anbaueignung, Kulturdauer und jahreszeitlicher Eignung. Bei der Planung auf eine 3- bis 4-jährige Anbaupause achten.

• Frühe Möhren können ab März unter schützende Vliese gesät werden, üblicher für den Hausgarten ist jedoch die Aussaat Mitte April bis Anfang Juni: In ein feines Saatbett im Reihenabstand von 25–40 cm (bei Dammkultur bis zu 70 cm) 1,5–3 cm tief und im Abstand von 2–5 cm säen.
• Die Schwachstelle der Möhre ist ihre anfangs langsame Ent-

wicklung, in der sie im Wettlauf mit den Beikräuter und gegen verkrustete Erdoberflächen für jede Hilfe dankbar ist. Um einem Möhrenfliegen-Befall vorzubeugen, empfiehlt es sich, die Möhren immer wieder leicht anzuhäufeln, sodass der Wurzelkopf nicht aus der Erde ragt.

• Je nach Sorte und Jahreszeit benötigen Möhren zwischen 90 und 190 Tagen von der Aussaat bis zur Erntereife. Das Reifestadium erkennt man daran, dass sich die Wurzelspitze abrundet. Die späteren Sorten eignen sich hervorragend zur Lagerung im eigenen, kühlen Keller und lassen sich zum Beispiel in einer Sandkiste bis ins nächste Frühjahr lagern.

Pastinake
Pastinaca sativa

Lange bevor Kartoffeln und Möhren die ranghohen Plätze auf der Verzehrliste der Mitteleuropäer belegten, stand die Pastinake dort. Sie ist verwandt mit der Möhre, schmeckt durch ihren höheren Zuckergehalt jedoch deutlich süßer. Zusätzlich hat sie den Vorteil, dass sie winterhart ist, was das Einlagern erspart und auch im Winter (bei nicht gefrorenem Boden) Ernteerlebnisse verschafft.

• Im Anbau ähnelt sie der Möhre (Seite 253), allerdings sollte die Direktsaat Mitte März bis Anfang Mai erfolgen: 2–4 cm tief, im Abstand von 3–5 cm aussäen, mind. 30 cm Reihenabstand. Die Pflänzchen später auf 10–15 cm vereinzeln, da Pastinaken deutlich dicker werden können als

Möhren. Wichtig ist, dass man sich stets neues Saatgut beschafft, da es sehr schnell an Keimfähigkeit verliert.

• Nach 5–6 Monaten kann die Ernte beginnen. Wer keinen großen Lagerkeller hat, kann die Pastinaken einfach im Boden lassen und nach Bedarf frisch ernten. Im Keller eingelagert brauchen sie es möglichst kühl und feucht, damit die Wurzeln lange knackig frisch bleiben.

Porree/Lauch
Allium porrum

Porree gehört zur Familie der Zwiebelgewächse. Da er eher langsam wächst, lohnt es sich, ihn geschützt vorzuziehen.

• Anzucht je nach Sorte von Ende Februar bis Ende Mai. Die Blattspitzen der kleinen Pflanzen können 1- bis 2-mal mehrere Zentimeter gestutzt werden, wodurch die Pflanze an Dickenwachstum zulegt.

• Wem das zu kompliziert ist, der kauft sich fertige Jungpflanzen. Anfang April bis Anfang Juli die Porreepflanzen in 30–40 cm × 15–20 cm große Beete pflanzen – so tief, dass die Hälfte der

Pflanze oder etwas mehr im Boden steckt.

• Im Kulturverlauf kann man immer wieder leicht anhäufeln, wodurch man einen langen weißen Schaft erhält. Da der Porree mehrere fliegende Schädlinge anzieht, empfiehlt es sich, ihn mit einem speziellen Kulturschutznetz abzudecken.

• Geerntet werden die Stangen, wenn sie die gewünschte Dicke erreicht haben – Sommersorten auf jeden Fall vor dem ersten Frost, Wintersorten können bis ins nächste Frühjahr stehen und nach Bedarf geerntet werden.

Postelein (Winterportulak)
Montia perfoliata

Neben Feldsalat ist Postelein einer der wenigen Wintersalate, da er mit Temperaturen bis -10 °C zurechtkommt.

• Zur Voranzucht wird Postelein frühestens Mitte August (bis November möglich) in kleine Töpfe gesät (Keimtemperatur <12 °C), immer 5–8 Samen zusammen, dann bilden sich im Wachstum dichte Blattrosetten, die sich leicht beernten lassen. Sind die Pflänzchen gut im Topf verwurzelt, können sie auf ca. 20 cm Reihenabstand und 15 cm in der Reihe ausgepflanzt werden.

• Je nach Witterung sind sie schon 6–8 Wochen später erntereif. Die rauten- bis herzförmigen Blätter mit Stielen werden bei Temperaturen über 0 °C geschnitten. Lässt man bei der Ernte jeweils 1 cm der Stiele stehen, können immer neue Blätter nachwachsen, sodass bis zu

3 oder 4 Ernten möglich sind. Werden im Frühjahr die Tage länger, bilden sich in den Blättern kleine weiße Blüten, die problemlos mitgegessen werden können und süß duften!

Radieschen

Raphanus sativus var. sativus

Das Radieschen zählt zu den beliebten, schnellwüchsigen Anfängerkulturen. Da es sehr schnell reift, ist das Radieschen gut als »Füllkultur« zwischen langsamer wachsenden Kulturen geeignet. In der Fruchtfolge Abstand zu anderen Kohlgewächsen einhalten!

• Ab Ende März/Anfang April bis August flach (0,5 cm) im feinkrümeligen Boden aussäen, Reihenabstand ca. 10 cm, in der Reihe auf 2–3 cm vereinzeln.

• Das Radieschen ist auf eine regelmäßige Wasserversorgung angewiesen, da es sonst schnell platzt bzw. zu blühen anfängt.

• Schon nach ca. 6 Wochen (je nach Jahreszeit) sind die roten Knollen erntefertig und können aus der Erde gezogen, gewaschen und frisch verzehrt werden.

Rettich

Raphanus sativus

Er ist eng verwandt mit dem Radieschen – das sieht man vor allem den roten und weißen Sorten für den Frühjahrs- und Sommeranbau an. Die Herbst-/Winter-Sorten hüllen den weißen Kern in eine schwarzbraune, raue Schale und ähneln eher der Roten Bete.

• Etwas höhere Ansprüche an Platz und Nährstoffversorgung bedingen die Aussaat in 20–40 cm Reihenabstand und je nach Sorte auf 15–30 cm in der Reihe. Frühe Sorten ab April im Freiland aussäen (frühere Sätze nur in Frühbeetkästen), die Herbstsorten im Juni. Wie bei Radieschen schafft man durch regelmäßig neue Aussaaten (alle 2–3 Wochen) eine gleichmäßige Versorgung.

• Bei der Ernte muss man beachten, die Wurzeln nicht zu lang wachsen zu lassen, sonst werden sie holzig oder beginnen zu schießen. Der dunkle Herbst-/Winter-Rettich wird spätestens vor dem ersten Frost hereingeholt und lässt sich mit den anderen Wurzelgemüsen wunderbar in einer Sandkiste oder im kühlen Keller lagern.

Rhabarber

Rheum rhabarbarum

Offiziell zählt der Rhabarber zu den Gemüsen, wobei er geschmacklich dem Obst zugeordnet wird. Für Kinder sind die großen Blätter umgedreht ein beliebter, jedoch kurzlebiger Sommerhut. Rhabarberstauden können bis zu 10 Jahre an einem Standort stehen. Danach das Rhizom (Wurzelstock) ausgraben, evtl. zerteilen und umsetzen. Für den Start kauft man am besten Pflanzen oder Rhizome im Fachhandel oder sticht bei Freunden etwas vom Wurzelstock ab.

• Gepflanzt wird das Rhizom in 15–20 cm Tiefe. Gleich nach der Pflanzung mit ausreichend Kompost versorgen, denn Rhabarber ist ein sprichwörtlicher Vielfraß. Bei entsprechender Düngung wird die Staude sehr groß: daher 1,2–1,5 m Abstand zu allen Seiten einhalten.

• Rhabarber ist sehr pflegeleicht, er sollte nur ab Anfang Juli bis in den Herbst hinein mit Kompost oder reifem Mist (Rind oder Pferd) gedüngt werden.

• Erst ab dem zweiten Anbaujahr kann geerntet werden: Je nach Wetter und Gegend ab April, spätestens Mai die Stiele mit leichter Drehbewegung aus der Erde ziehen. Man sollte nur bis Ende Juni ernten, da die Staude danach ihre Kräfte für die Rhizome braucht und der Oxalsäuregehalt zu hoch wird.

Rote Bete

Beta vulgaris ssp. vulgaris var. conditivae

Rote Bete zählt zu den klassischen Lagergemüsen und liefert auch im Winter reichlich Vitamine, Mineralstoffe und Eisen. Außerdem bereichert sie mit ihrer Farbe jede Gemüsekomposition. Der Anbau-Standort sollte sonnig bis halbschattig sein.

• Aussaat ab Anfang Mai direkt ins Freiland, 2–3 cm tief in Reihen von 25–40 cm Abstand. Die Samen sind meist zu 3–5 Stück verwachsen, daher später auf 5–10 cm in der Reihe ausdünnen. Im Wachstum ist die Rote Bete recht genügsam.

• Ab Ende Juli können erste Knollen geerntet werden, und das frische Laub lässt sich ähnlich wie Mangold verarbeiten. Im September/Oktober werden dann die Knollen für die Einlagerung aus dem Boden geholt.

Rotkohl → Kohl

Rucola

Salatrauke, Ölrauke: Eruca sativa
Wilde Rauke: Diplotaxis tenuifolia

Die aus dem Mittelmeerraum stammende Pflanze gehört zur umfangreichen Kohlfamilie und sorgt mit ihrer durch Senföle bedingten Schärfe für eine feine Würze im Salat.

• In kleinen Töpfen (jeweils 3 bis 5 Samen zusammen) vorziehen oder ab Mitte März gleich ins Freiland aussäen. Es gibt praktische Saatbänder im Handel, die das mühevolle (da feines Saatgut) und gleichmäßige Säen und Vereinzeln vereinfachen. Reihenabstand 20 cm, in der Reihe auf 2 cm vereinzeln oder alle 10 cm ein »Mehrpflanzen-Büschel« setzen.

• Gegen unangenehme Schärfe und frühes Blühen hilft (besonders im Sommer) eine ausreichende Wasserversorgung.

• Je nach Jahreszeit können die ca. 15 cm langen Blätter bereits 4–6 Wochen nach der Saat geerntet werden. Lässt man dabei das Herz unversehrt (1–1,5 cm Stängel stehen lassen), kann man Rucola 2- bis 3-mal beernten.

Salat

Lactuca sativa, diverse Varietäten

Salate sind sehr leicht zu ziehen und schnell zu ernten. In der großen Familie gibt es eine bunte Vielfalt: Kopf-, Eis-, Batavia-, Pflück-, Romana-, Eichblatt- und Frisée-Salate zählen dazu. Aufgrund seines schnellen Wachstums kann Salat gut zwischen länger stehenden Kulturen wachsen.

• Salat direkt aussäen, in Saatschalen vorziehen oder als Jungpflanze kaufen. Wichtig: Samen nur dünn mit Erde bedecken (Achtung: Schnecken!), Temperatur zum Keimen unter 20 °C. Wer den ganzen Sommer über Salat ernten möchte, sät alle 2–3 Wochen neu aus. Pflanzabstand

20–30 × 30 cm, Pflücksalat (Baby-Leaf) dichter, Reihenabstand 20–30 cm. Die Pflanzen nicht zu tief setzen (Fäulnisgefahr).

• Von Anfang an regelmäßig auf Schnecken kontrollieren!

• Durch die relativ kurze Kulturdauer (8–9 Wochen von der Saat bis zur Ernte) kann man seine Erfolge schnell genießen – wenn die Schnecken es zulassen …

Schalotte → Zwiebel

Sellerie

Knollensellerie: Apium graveolens var. rapaceum
Stauden-/Stangen-/Bleichsellerie: Apium graveolens var. dulce

Für den Anbau des nährstoffhungrigen Sellerie (beide Arten) bedarf es auf jeden Fall einer warmen, geschützten Anzucht.

• Ab März die feinen Samen flach in Schalen säen, später in kleine Töpfe pikieren. Oder einfach Jungpflanzen kaufen und ab Mitte/Ende Mai auf die Beete pflanzen, in einem Reihenabstand von 30–40 cm (Stangensellerie) bzw. 40–60 cm × 30–40 cm Abstand in der Reihe.

• Im Sommer wächst die Pflanze recht langsam und ist dankbar für regelmäßiges Gießen.

• Beim Staudensellerie beginnt die Ernte im August und geht bis zum ersten Frost. Beim Knollensellerie setzt das Hauptwachstum erst ab Mitte August ein und lässt die Knollen bis spätestens Ende Oktober reifen. Sie sollten vor den ersten Frösten geerntet werden. In der Sandkiste oder im kühlen, feuchten Keller gelagert halten sie viele Monate.

Spargel
Asparagus officinalis

Spargel liebt tiefgründige, humose, lockere (sandige) Böden. Ihn anzubauen ist nicht leicht – er braucht mehr Platz und Aufmerksamkeit als andere Gemüse.

• Gekaufte Wurzelstöcke Mitte März bis April in mindestens 20 cm Tiefe pflanzen, Reihenabstand 120–150 cm, 40–50 cm Abstand in der Reihe. Bei der Pflanzung den Boden tief lockern und gut mit Kompost mischen. Wurzelstöcke nur leicht mit Erde bedecken (5–10 cm) und tüchtig angießen.

• Mit zunehmendem Längenwachstum die Pflanzlöcher immer weiter mit Erde verfüllen. Wer Grünspargel ernten möchte, stoppt die Erdauffüllung spätestens im zweiten Jahr auf Erdniveau und erntet das erste Mal im dritten Wachstumsjahr. Wer weiße Stangen möchte, schüttet im dritten Jahr 40–50 cm hohe Dämme auf den Spargelreihen auf, in denen dann die weißen

Stangen hochwachsen und gestochen werden können.

• Nach der Ernte (ab Ende Juni) dürfen sich die restlichen Triebe zu voller Größe entfalten und feinfiedrige Blätter treiben: Jetzt werden wichtige Reservestoffe in die Wurzelstöcke (Rhizome) eingelagert. Nach etwa zehn Jahren sind die Wurzelstöcke erschöpft, und an einer neuen Stelle im Garten kann die gleiche Prozedur wieder beginnen. (Mindestens zehn Jahre Abstand in der Fruchtfolge einhalten!)

Spinat
Spinacia oleracea

Spinat ist wesentlich vielfältiger zuzubereiten als die pürierte Variante! Zum Beispiel schmecken junge Spinatblätter ganz ausgezeichnet im gemischten Salat. Spinat ist vor allem eine Frühjahrs- und Herbstkultur, da er im Sommer schnell »schießt«. Er eignet sich gut als Füllfrucht zwischen langsamer wachsenden Hauptkulturen.

Nicht direkt nach anderen Gänsefußgewächsen (Mangold, Rote Bete) anbauen, sondern 3–4 Jahre Abstand halten.

• Im Freiland von Anfang März bis Mitte April und dann wieder ab August aussäen. Saattiefe 2–3 cm, 20–30 cm Reihenabstand, Pflanzenabstand 2–5 cm, je nach gewünschter Einzelpflanzengröße. Frühe Aussaaten und Überwinterungsspinat mit Abdeckung schützen (Vlies oder Tannenzweige).

• Gerade bei den späteren Frühjahrsaussaaten auf gleichmäßige Wasserversorgung achten, um ein frühzeitiges Schossen zu vermeiden.

• Erste junge Spinatblätter können bereits 4–5 Wochen nach der Aussaat geschnitten werden. Wer mehr Masse ernten möchte, lässt die Rosetten bis zu 20 cm hoch werden bzw. schneidet die Blätter spätestens, wenn sich in der Mitte der Ansatz eines Blütentriebes zeigt.

Spitzkohl → Kohl

Tomate
Lycopersicon esculentum

Eine der wichtigsten Gemüsearten ist die Tomate, die sowohl roh als auch in vielen gegarten (Soßen-)Varianten zubereitet und verzehrt wird.
Sie ist eine empfindliche Kultur, da sie die Wärme liebt und ungern nasse Blätter hat. So empfiehlt sich beispielsweise ein Platz auf dem überdachten Balkon oder zumindest der Bau einer einfachen Überdachungskonstruktion.

Bei der Auswahl der Sorten gilt es viele Kriterien zu bedenken: Größe, Form, Farbe, Reifezeit, Krankheitsanfälligkeit bzw. Resistenzen etc. Jungpflanzen können im Fachhandel gekauft werden, die Anzucht gelingt jedoch auch gut auf der eigenen warmen Fensterbank.

• Aussaat ab Anfang März. Zur Keimung benötigen die Samen Temperaturen über 18 °C. Einige Tage nach der Keimung auf ca. 4 × 4 cm Abstand oder gleich in Töpfe vereinzeln (pikieren). Fürs weitere Wachstum reicht Zimmertemperatur aus. Je nach Entwicklungstempo braucht die Jungpflanze ab 35–40 cm Länge einen stützenden Holzstab.

• Ab Mitte Mai tief in gut gedüngte Erde auspflanzen, das heißt bis kurz vor dem ersten Blatt einsetzen (Wurzelbildung anregen). Pflanzabstände von 60–70 × 50 cm einhalten. Tomaten kann man ohne weiteres mehrere Jahre am gleichen Standort anbauen.

• Alle Sorten brauchen eine Stütze: ein Rankgestell, einen Stab oder gespannte Bänder, an denen sie befestigt bzw. um die sie herumgewunden werden. Um nicht nur Blätter zu züchten, sollte man bei den meisten Sorten die in den Blattachseln wachsenden Seitentriebe ausbrechen (ausgeizen). Je nach Sorte die Pflanze zudem nach 5–7 angelegten Blütenständen kappen, sodass sie sich auf die Reifung der Früchte konzentrieren kann. Was die Wasserversorgung betrifft, sind Tomaten eigenwillig. Sie lieben zwar den feuchten Boden, reagieren jedoch sehr empfindlich auf Blattnässe (Gefahr von Pilzkrankheiten wie Samtflecken und Krautfäule) – daher ist ein Dach sehr hilfreich. Nach dem Abernten des ersten Blütenstandes können nach und nach von unten Blätter weggenommen werden, dadurch ist für eine bessere Abtrocknung der übrigen Blätter gesorgt.

• Etwa 7–8 Wochen nach der Pflanzung werden die ersten Früchte reifen und können immer wieder frisch bis in den Oktober hinein geerntet werden.

Weißkohl & Wirsing
→ **Kohl**

Zucchini → **Kürbis**

Zwiebel

Küchenzwiebel: Allium cepa var. cepa
Schalotte: Allium ascalonicum

Zwiebeln sind aufgrund ihrer würzigen Inhaltsstoffe (Senföle etc.) in unserer Küche und als pflanzliches Heilmittel von großer Bedeutung. In der Hausapotheke hilft der Saft von Zwiebeln auf frischen Insektenstichen, lindert Ohrenschmerzen, regt die Verdauung an, stärkt das Immunsystem und lindert Husten. Zwiebeln haben mittlere Ansprüche an den Boden und sind bei guter Wasserversorgung und sonniger Lage eine einfach zu handhabende Kultur, die für so manch andere Gemüseart eine sehr positive Nachbarschaft darstellt (da sie durch den starken Geruch Schädlinge vertreibt). Zwiebelgewächse sollten nur alle 4 bis 5 Jahre auf der gleichen Fläche angebaut werden.

• Ab Anfang April gekaufte Steckzwiebeln/Schalotten in Reihen von 20–30 cm Abstand und 3–10 cm in der Reihe stecken, wobei die oberste Spitze noch herausschauen darf.

• Über den Sommer kann man dann frische Lauchzwiebeln oder ab August, wenn das Laub abknickt und vertrocknet, die reifen Zwiebeln zur Lagerung abernten. Eine gründliche Trocknung in der Sonne verbessert die Lagerfähigkeit.

Aromatische Kräuter

WÜRZE AUS DEM GRÜNEN

Viele, viele Kräuter bereichern unsere Mahlzeiten mit ihren Aromen. Grob unterscheiden kann man in schnellwüchsige, einjährige Kräuter und in mehrjährige Stauden oder Büsche, die zum Teil Winterschutz brauchen.

Einjährige Kräuter

Die schnellwüchsigen Kräuter, die jedes Jahr, manche mehrfach, neu gesät werden, bevorzugen fast alle einen reichhaltigen und feuchten Boden. Sie kommen meist auch im Halbschatten zurecht, im Garten und in Kästen. Nur die mediterranen Vertreter haben es lieber geschützt auf dem Balkon oder hinterm Küchenfenster. Einjährige sind zum Beispiel Petersilie, Dill, Kerbel, Borretsch, Basilikum, Sommerbohnenkraut.

• Basilikum, Bohnenkraut und Petersilie freuen sich über eine warme Anzucht in der Küche (ab Februar/März). Die anderen ab April gleich ins Freiland säen. Reihenabstände 20–25 cm, je nach Sorte dicht aussäen und später auf 10–15 cm vereinzeln.

• Geerntet werden die ausgewachsenen Blätter und am besten frisch verarbeitet. Petersilie kann mehrfach im Jahr geschnitten werden. Dill und Kerbel blühen meist irgendwann und werden am besten regelmäßig neu gesät. Bei Basilikum und Boh-

nenkraut erntet man die Spitzen, sodass die Pflanze neue Triebe nachschieben kann. Borretsch wächst lange und ausladend, und seine Blüten und Blätter kann man ebenso lange ernten.

Mehrjährige Kräuter

• Bei den ausdauernden Kräutern gibt es einige wie Schnittlauch, Schnittknoblauch und Bärlauch, die aus kleinen Zwiebeln jedes Jahr wieder austreiben, irgendwann zu blühen anfangen, ansonsten aber die ganze Gartensaison beerntet werden können (bei Bärlauch Ernteende mit Blütebeginn). Bärlauch bevorzugt (halb-)schattige Standorte, zum Beispiel unter größeren Stauden, und breitet sich dort gern aus. Schnittlauch und Schnittknoblauch können auch durch Ballenteilung vermehrt bzw. verjüngt werden.
Ab März warm vorziehen und ab April ins Freiland pflanzen (büschelweise auf 25 × 20 cm).

• Andere ausdauernde Kräuter wie Meerrettich, Minze, Zitronenmelisse, Liebstöckel treiben jedes Jahr aus ihren Speicherwurzeln neu aus (Wurzelsperre bei Minze!). Ihre Blätter (bzw. die Wurzel beim Meerrettich) lassen sich den ganzen Sommer über frisch ernten und verarbeiten oder von Juni bis August zur Lagerung trocknen.

Mediterrane Sträucher

Sie sind kaum noch aus unserer Küche und unseren Teekannen wegzudenken. Die meisten – wie Estragon, Lavendel, Majoran, Rosmarin, Salbei, Thymian und Ysop – sind Halbsträucher, die mit der Zeit verholzen. Sie bevorzugen warme, eher nährstoffarme Böden an sonnigen Standorten. Stellt man sie gleich im Topf auf den Balkon oder die Terrasse, können sie im Winter ins Haus geholt werden, um sie vor Frost zu schützen. Im Garten brauchen sie einen Winterschutz aus Laub und Tannenzweigen. Da die Anzucht dieser Pflanzen einen ausgesprochen grünen Daumen braucht, empfiehlt sich der Kauf von vorgezogenen Pflanzen in einer Staudengärtnerei (besser nicht im Baumarkt).

Obst jeder Couleur

NASCHPARADIES IM GARTEN

Je nach Gusto und Platzangebot erfreuen die Früchte von kleinen Stauden wie Erdbeeren, den verschiedenen Beerensträuchern und von Baumobst unseren Gaumen, am besten sonnenwarm gepflückt und frisch verzehrt!
• Grundsätzlich gilt auch beim Obst, sich gründlich über Bodenansprüche, Pflanzzeiten, Platzbedarf und notwendige Pflegemaßnahmen zu informieren. Besonders der Schnitt von Beerensträuchern und Obstbäumen ist eine kleine Wissenschaft für sich, die ganze Bücher füllt.
• Jede Obstart hat viele Sorten, die sich in puncto Erntezeitpunkt, Fruchtgröße, Ansprüche an Boden und Klima unterscheiden. Auch hier lohnt sich die gründliche Vorabinformation!
• Vor jeder Pflanzung gilt es, den Boden tiefgründig aufzulockern und je nach Bedarf mit Kompost zu verbessern. Heidelbeeren und Preiselbeeren bevorzugen ein saures Bodenmilieu: eventuell Spezialerden oder Kompost einarbeiten.
• Zum Wachstumsstart nach der Pflanzung benötigen Sträucher und Bäume eine gute und regelmäßige Wasserversorgung.
• Die meisten Obstgehölze danken eine gute Pflege ihrer Baumscheibe (regelmäßiges Lockern, Kompostdüngung im Frühjahr sowie Mulchen im Sommer) mit reichlichem Fruchtansatz!

Erdbeere
Fragaria-Arten

Die Erdbeere kann auch bei geringem Platzangebot den Sommer in unsere Küche bringen. Auf Balkon und Terrasse gedeiht sie, regelmäßig nachgedüngt, in Pflanzkübeln, gern im mehretagigen Anbau – vorausgesetzt, das Plätzchen ist sonnig und das Wasser wird nicht knapp. Einige Sorten wie Wald- und Monatserdbeeren gedeihen im Halbschatten, auch unter Bäumen.
• Im Garten werden Erdbeeren am besten mit 40–50 cm Reihenabstand und 25–30 cm Pflanzabstand gesetzt.
• Es empfiehlt sich, die Erde unter den Pflanzen mit trockenem Mulch zu bedecken, auch um die Früchte vor Verschmutzung zu schützen. Nach 4 bis 5 Jahren sind Erdbeeren in der Regel erschöpft und müssen neu gepflanzt werden.
• Je nach Sorte werden die kleinen gekauften Stauden im Sommer gepflanzt und erbringen im folgenden Jahr die erste Ernte.

Himbeere
Rubus idaeus

Himbeeren nutzen gern den sonnigen bis halbschattigen Gartenrand. Die Ruten werden bis zu 2 m lang und brauchen immer eine Rankhilfe.

• Im Frühjahr oder Herbst mit ca. 50 cm Abstand pflanzen und mithilfe von 2–3 Spanndrähten aufrecht halten. Verfügt der Garten über viel Platz, können die Drähte im Reihenabstand von 1,2–1,5 m gespannt werden. Auch in größeren Pflanzkübeln mit entsprechender Stütze können Himbeeren gedeihen.
• Da Himbeeren Flachwurzler sind, mögen sie keine tiefe Lockerung, wohl aber eine gute Mulchschicht, regelmäßige Kompostdüngung und ausreichend Wasser im Sommer.
• Im Juli des Folgejahrs liefern die Ruten die erste Ernte.
• Die abgeernteten Ruten werden im Sommer abgeschnitten (Achtung: nicht bei Herbstsor-

ten mit zweimaliger Ernte!) und die neu wachsenden Ruten fürs nächste Jahr angebunden. So können die Seitentriebe wieder Blüten und Früchte bilden.

Beerensträucher

wie Johannisbeere: Ribes rubrum (rot), Ribes nigrum (schwarz); Stachelbeere: Ribes uva-crispa, Jostabeere: Ribes x nidigrolaria

Ihre Früchte sind »botanisch korrekte« Beeren (Schließfrucht mit saftig-weicher Fruchtwand). Sie können als Büsche (freistehend oder am Spalier) sowie als Hochstämmchen (mit Stützpfahl) gezogen werden. Beerensträucher bevorzugen einen tiefgründigen, humosen Boden an einem sonnigen bis halbschattigen Platz. Besonders bei Stachelbeeren auf Mehltauresistenz achten.
• Pflanzung im Frühjahr oder Herbst. Die Pflanzen etwas tiefer als vor dem Kauf setzen, um so den Austrieb von neuen Ruten zu fördern. Johannis- und Stachelbeersträucher im Abstand von 1,2–1,5 m, Jostabeeren aufgrund ihres stärkeren Wuchses eher 2–2,5 m. Werden die Büsche im Spalier gezogen, kann man sie enger pflanzen.
• Regelmäßiges flaches Lockern sowie Mulchen und Nachdüngen mit Kompost sind wichtig. Zur regelmäßigen Verjüngung können Ruten, die älter als 3–4 Jahre sind, nach der Ernte im Juli/August weggeschnitten werden, um den Strauch licht und luftig für die bessere Reifung der Früchte zu halten. Bei den Stämmchen-Formen

gelten eher Pflanz- und Schnittarten wie beim Baumobst.
• Gute Pflege verhilft zu schönen und reichlichen Früchten – zum ersten Mal spätestens im Jahr nach der Pflanzung.

Baumobst

wie Apfel: Malus domesticus, Birne: Pyrus communis, Quitte: Cydonia oblonga, Pflaume: Prunus domestica, Kirsche: Prunus avium/cerasus

Wer Obstbäume im eigenen Garten pflanzen will, braucht ausreichend Platz – und eine gründliche Einarbeitung in die Fachliteratur oder aber hilfreiche, kompetente Nachbarn. Je nach Obstart gibt es eine schier unübersichtliche Vielfalt an Sorten, die sich hinsichtlich des Reifezeitraums, der Standorteignung, Erziehungsform, Fruchtgröße, des Geschmacks und vieler anderer Aspekte unterscheiden. Um die richtige Wahl zu treffen, sollte man sich am besten im Fachhandel vorab beraten lassen. Grundsätzlich können die meisten Baumobstarten als Hochstamm, Mittelstamm oder Spindelbaum erworben bzw. erzogen werden. Entscheidend für die Wahl sind das Platzangebot und wie der Boden unter dem Baum genutzt werden soll.
• Zum Pflanzen wird ein ausreichend großes Loch ausgehoben und die Erde gut mit Kompost aufgemischt. Die Stammveredelungsstelle muss oberhalb des Erdbodens bleiben.
• Jedes Bäumchen benötigt für die ersten Jahre (oder zeitlebens

bei Spindelbäumen) eine stabile Stütze in Form von 1 bis 2 Holzpfählen, an bzw. zwischen denen es mit »weichem« Bindematerial befestigt wird.
• Wichtig ist, dass die Baumscheibe regelmäßig gelockert und mit Kompost und Mulch versorgt wird. In Gärten mit Wühlmaus-Problematik kann man versuchen, den Wurzelraum großzügig mit feinmaschigem Gitter zu schützen.
• Je nachdem, in welchem Entwicklungsstadium die Bäume gepflanzt werden, bedarf es in den ersten Jahren großer Geduld und eines oder mehrerer Erziehungsschnitte, bevor die Bäumchen dann erste Früchte tragen. Auch wenn sie schon blühen und fruchten wollen, empfiehlt es sich doch, die heranreifenden Früchte der jungen Bäume bis auf wenige, stammnahe Früchte wegzubrechen. Dadurch wird das Holz- und somit das Stabilitätswachstum gefördert.

Die Sache mit dem »Ego« …

SICH SELBST NÄHREN, VERSORGEN UND VERWURZELN

Wer das ganze Jahr über für andere sorgt, darf – nein: muss! – auch mal den Stecker ziehen und die Beine hochlegen. Mutti oder Vati unplugged, sozusagen.

VERSUCH'S MAL MIT GEMÜTLICHKEIT …

Wir hetzen das ganze Jahr über zwischen Job, Supermarkt und Küche hin und her und erledigen nebenbei noch hier und da dieses und jenes. Ein Marathon, der uns auf Dauer ausbrennen kann. Also: Einfach mal loslassen, durchatmen, To-do-Liste streichen und dem Alltag den Rücken zuwenden. Ich persönlich glaube, dass das Streben nach Perfektion ein Sargnagel der Beziehungskiste ist …

Sie haben ein schlechtes Gewissen, wenn Sie sich nicht ständig im Auge des Hurrikans befinden und das Hochleistungskarussell bedienen?
Dabei ist es völlig in Ordnung, mal auszuspannen und sich etwas zu gönnen. Ich habe oft den Eindruck, dass dies viele Menschen in die sprichwörtliche Zwickmühle bringt und vor die innere Zerreißprobe stellt: einerseits berufliche und persönliche Selbstverwirklichung, andererseits altruistische Selbstaufgabe. Was denn nun genau, bitte?

… MIT RUHE UND GELASSENHEIT

Ich bin zutiefst davon überzeugt, dass die Lösung, wie so oft, im ausgewogenen Mittelfeld liegt. Die gesunde Balance ist auf Dauer viel heilsamer als das exzessive Oszillieren zwischen All-inclusive-Luxusurlaub und asketischem Detox-Retreat. Mal ausgiebig und aus dem Vollen mit Freunden feiern, aber auch allein gut klarkommen und zufrieden sein.

Sich hin und wieder genussvoll zu verwöhnen bedeutet noch lange nicht, dass man ein kompromissloser Egozentriker ist, sondern es zeugt eher von einer ganz gesunden Lebenseinstellung. Gesundheit ist nun mal weit mehr als das Fehlen von Krankheit. Gesund zu sein heißt aus meiner Sicht auch, dass weder Mangel noch Frustration herrschen und dass die Lebensfreude nicht eingeschränkt ist. Ein in jeder Hinsicht gut genährter Körper stärkt Geist und Seele.

Im Leben fest verwurzelte Selbstversorger haben den Schlüssel zum Glück daher in der eigenen Hand. Versorgen Sie sich guten Gewissens erst einmal selbst mit allem, was Sie froh und munter, gesund, glücklich und stark macht, bevor Sie es anderen Menschen recht machen. Lassen Sie es sich gutgehen!

Index Die Rezepte von A bis Z

Die Rezepte von A bis Z

Zutaten aus dem Garten

BEZUGSQUELLEN

*Eine Auswahl bio-zertifizier-
ter Saatguthändler:*

www.bingenheimersaatgut.de
www.dreschflegel-saatgut.de
www.biosaatgut.eu
www.reinsaat.at

Gewürze

www.sonnentor.at
www.cosmoveda.de

Bio-Lebensmittel

www.davert.de

Kursiv gesetzte Seitenzahlen weisen auf Rezepte hin.

Garten-Basics von A bis Z

Unsere Büchertipps

Kochbücher von Volker Mehl

Koch dich glücklich mit Ayurveda

224 Seiten. Kailash Verlag
ISBN 978-3-424-63038-1

Mit seinem ersten Kochbuch revolutionierte Volker die Ayurvedaküche. Er serviert im städtischen Kindergarten eine Ayurveda-Pizza, lädt im bayerischen Lokal zum Bayurveda-Abend ein, berät eine Spitzensportlerin über leistungsfördernde Lebensmittel oder mixt Entgiftungsdrinks für nachtaktive Partymenschen. Seine Rezepte und Tipps verwandeln jede Mahlzeit in ein Fest der Sinne.

So schmeckt Glück. Meine ayurvedische Heimatküche

224 Seiten. Kailash Verlag
ISBN 978-3-424-63062-6

Über 80 neue vegetarische und vegane Rezepte: Wieder kocht Volker Mehl ayurvedisch, wie es keiner vor ihm getan hat – und zeigt dabei, wie sich das Glück einfach auf den Teller zaubern lässt. Statt exotischer Diätkost serviert er uns deutsche Rezepte, die so wohlschmeckend, fantasievoll und einfach zuzubereiten sind, dass keine Wünsche offenbleiben.
In diesem Buch führt er mit saisonalen Gemüsen, Früchten und Kräutern durch die (ayurvedischen) Jahreszeiten. Rezepte für Suppen und Chutneys, Snacks und schnelle Gerichte,

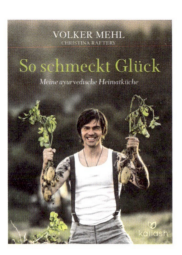

Hauptspeisen und Desserts bringen uns wieder in Verbindung mit der Natur, dem Leben – und mit uns selbst.

Meine Ayurveda-Familienküche: Gemeinsam isst man glücklicher

188 Seiten. Trias Verlag
ISBN 978-3-8304-6905-6

Bücher, die beim Gärtnern weiterhelfen

Breckwoldt, Michael: *Der Selbstversorger Balkon: Frisch ernten und genießen.* BLV

Heistinger, Andrea/Arche Noah: *Handbuch Bio-Balkongarten. Gemüse, Obst und Kräuter auf kleiner Fläche ernten.* Löwenzahn Verlag

Heistinger, Andrea/Grand, Alfred: *Biodünger selber machen. Regenwurmhumus – Gründüngung – Kompost.* Löwenzahn Verlag

Kreuter, Marie-Luise: *Der Biogarten.* BLV

Kreuter, Marie-Luise: *Biologischer Pflanzenschutz. Naturgemäße Abwehr von Schädlingen und Krankheiten.* BLV

Mayer, Joachim/Neubauer, Konstanze: *Unser Nutzgarten. Natürlich gärtnern und ernten.* Stiftung Warentest

Garten-Basics von A bis Z

Unsere Büchertipps

Kochbücher von Volker Mehl

Koch dich glücklich mit Ayurveda

224 Seiten. Kailash Verlag
ISBN 978-3-424-63038-1

Mit seinem ersten Kochbuch revolutionierte Volker die Ayurvedaküche. Er serviert im städtischen Kindergarten eine Ayurveda-Pizza, lädt im bayerischen Lokal zum Bayurveda-Abend ein, berät eine Spitzensportlerin über leistungsfördernde Lebensmittel oder mixt Entgiftungsdrinks für nachtaktive Partymenschen. Seine Rezepte und Tipps verwandeln jede Mahlzeit in ein Fest der Sinne.

So schmeckt Glück. Meine ayurvedische Heimatküche

224 Seiten. Kailash Verlag
ISBN 978-3-424-63062-6

Über 80 neue vegetarische und vegane Rezepte: Wieder kocht Volker Mehl ayurvedisch, wie es keiner vor ihm getan hat – und zeigt dabei, wie sich das Glück einfach auf den Teller zaubern lässt. Statt exotischer Diätkost serviert er uns deutsche Rezepte, die so wohlschmeckend, fantasievoll und einfach zuzubereiten sind, dass keine Wünsche offenbleiben.
In diesem Buch führt er mit saisonalen Gemüsen, Früchten und Kräutern durch die (ayurvedischen) Jahreszeiten. Rezepte für Suppen und Chutneys, Snacks und schnelle Gerichte,

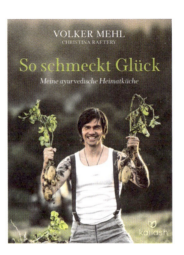

Hauptspeisen und Desserts bringen uns wieder in Verbindung mit der Natur, dem Leben – und mit uns selbst.

Meine Ayurveda-Familienküche: Gemeinsam isst man glücklicher

188 Seiten. Trias Verlag
ISBN 978-3-8304-6905-6

Bücher, die beim Gärtnern weiterhelfen

Breckwoldt, Michael: *Der Selbstversorger Balkon: Frisch ernten und genießen.* BLV

Heistinger, Andrea/Arche Noah: *Handbuch Bio-Balkongarten. Gemüse, Obst und Kräuter auf kleiner Fläche ernten.* Löwenzahn Verlag

Heistinger, Andrea/Grand, Alfred: *Biodünger selber machen. Regenwurmhumus – Gründüngung – Kompost.* Löwenzahn Verlag

Kreuter, Marie-Luise: *Der Biogarten.* BLV

Kreuter, Marie-Luise: *Biologischer Pflanzenschutz. Naturgemäße Abwehr von Schädlingen und Krankheiten.* BLV

Mayer, Joachim/Neubauer, Konstanze: *Unser Nutzgarten. Natürlich gärtnern und ernten.* Stiftung Warentest

Die Autoren

VOLKER MEHL, geboren 1976, ist ein unkonventioneller Ayurveda-Koch und Gesundheitsberater mit ganzheitlichem Ansatz: »Das Leben findet hier statt, und wir sollten uns von dem nähren, was die Natur unmittelbar auf den Speiseplan bringt.« Seit über zehn Jahren verfolgt er diesen Ansatz konsequent und gibt sein Wissen auf Veranstaltungen und Workshops weiter. 2008 absolvierte er ein Praktikum beim renommierten Drei-Sterne-Koch Harald Wohlfahrt und ist seither nonstop für die ayurvedische Sache im Einsatz. 2012 eröffnete er sein Kochatelier in Wuppertal mit ganzheitlichem Ansatz und Raum für Fort- und Weiterbildungen. Als Autor inspiriert er zudem seine Leser in Magazinen und hat bereits drei Kochbücher veröffentlicht (siehe links).
www. volker-mehl.de

KARLA ULBER, Jahrgang 1983, ist seit ihrer Kindheit von der Natur und Gartenarbeit begeistert. Nach dem Abitur und einer »Freien Ausbildung in der biologisch-dynamischen Landwirtschaft« (Demeter NRW/Hessen) folgte ein Wanderjahr durch verschiedene Betriebe, bevor sie

die Fachschule in Kleve als »Staatlich geprüfte Agrarbetriebswirtin – Schwerpunkt Ökolandbau« abschloss.
Seit 2011 lebt und arbeitet sie in der Hofgemeinschaft Schepershof in Velbert und leitet dort den Gemüsebau auf knapp zwei Hektar Land. Ihr Anliegen ist, in Gemeinschaft mit anderen Menschen ein Stück Erde möglichst nachhaltig biologisch-dynamisch zu bewirtschaften und verantwortungsbewusst mit der ihr anvertrauten Flora und Fauna umzugehen.

BARBARA DECKER, geboren 1964, ist von Menschen und Büchern gleichermaßen fasziniert und machte daher ihre Hobbys zum Beruf. Sie studierte an der Münchner Ludwig-Maximilians-Universität Germanistik und Persönlichkeitspsychologie und absolvierte eine Dekade später eine Ausbildung zur zertifizierten Yogalehrerin, um Körper und Texte in Topform zu bringen. Sie ist seit rund 15 Jahren als freiberufliche Autorin, Lektorin und Texterin für diverse Magazine sowie Firmen und Verlage in München tätig und bietet Yoga auf Workshops und in verschiedenen Einrichtungen an.

www.textredaktion-decker.de

Impressum

Bildnachweis

Fotoproduktion:
Michaela Auer, München,
unter Mitarbeit von
Barbara Hallweger

Weitere Fotos:

Anna Schwartz, Wuppertal:
Seite 39, 41, 166, 250, 256,
257; Nachsatz oben und Mitte
je 2. und 3. von links

Flora Press, Hamburg: Seite 171
(Kramp + Gölling)

Getty Images, München: Seite
77 (Lena Granefelt), 174 (Kelly
Sillaste)

iStockphoto, Calgary: Seite 70
(PaulMaguire), 73 (mihalec),
81 (rotofrank)

Masterfile, Düsseldorf: Seite
178 (Susan Findlay)

Mauritius Images, Mittenwald:
Seite 49 (Wolfgang Filser), 169
(Flirt), 208 (Hans Reinhard),
211, 254 (Alamy)

www.pflanzent-raeume:
Seite 124

Süddeutsche Zeitung Photo,
München: Seite 215 (Angelika
Jakob)

1. Auflage
Originalausgabe
© 2015 Kailash Verlag, München,
in der Verlagsgruppe Random House GmbH

Lektorat und Bildredaktion: Felicitas Holdau
Umschlaggestaltung: ki 36 Editorial Design, Sabine Krohberger,
unter Verwendung eines Fotos von © Anna Schwartz
Satz: Felicitas Holdau nach einem Entwurf von
ki 36 Editorial Design, Sabine Krohberger
Reproarbeiten: Lorenz & Zeller, Inning a. Ammersee
Druck und Bindung: Mohndruck, Gütersloh
Printed in Germany

ISBN 978-3-424-63095-4
www.kailash-verlag.de

Liebe Leserinnen und Leser,
da es mich interessiert, ob Sie das Buch satt und zufrieden
gemacht hat, freue ich mich wieder über Ihre Post! Entweder
in die Friedrich-Engels-Allee 161 a, 42285 Wuppertal, oder
per E-Mail an info@volker-mehl.de